2025年度 春 受験用 解答集

愛知県 名城大学附属高等学校

2018～2012年度の7年分

本書は，実物をなるべくそのままに，プリント形式で年度ごとに収録しています。
問題用紙を教科別に分けて使うことができるので，本番さながらの演習ができます。

■ 収録内容

・解答集（この冊子です）

　　書籍ＩＤ番号，この問題集の使い方，リアル過去問の活用，解答例と解説，
　　ご使用にあたってのお願い・ご注意，お問い合わせ

・2018(平成30)年度 ～ 2012(平成24)年度　学力検査問題

○は収録あり	年度	'18	'17	'16	'15	'14	'13	'12
■ 問題（一般入学試験）		○	○	○	○	○	○	○
■ 解答用紙（マークシート形式）		○	○	○	○	○	○	○
■ 解答		○	○	○	○	○	○	○
■ 解説		○	○	○	○	○	○	○
■ 配点								

☆問題文等の非掲載はありません

もっと過去問！シリーズ

Ｋ 教英出版

■ 書籍ID番号

入試に役立つダウンロード付録や学校情報などを随時更新して掲載しています。
教英出版ウェブサイトの「ご購入者様のページ」画面で，書籍ID番号を入力してご利用ください。

書籍ID番号 **182021** ▶

（有効期限：2025年9月30日まで）

【入試に役立つダウンロード付録】
「高校合格への道」

■ この問題集の使い方

年度ごとにプリント形式で収録しています。針を外して教科ごとに分けて使用します。①片側，②中央
のどちらかでとじてありますので，下図を参考に，問題用紙と解答用紙に分けて準備をしましょう（解答
用紙がない場合もあります）。

針を外すときは，けがをしないように十分注意してください。また，針を外すと紛失しやすくなります
ので気をつけましょう。

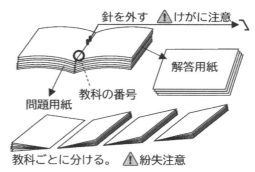

① 片側でとじてあるもの

針を外す ⚠ けがに注意

解答用紙

問題用紙　　　教科の番号

教科ごとに分ける。　⚠ 紛失注意

② 中央でとじてあるもの

針を外す ⚠ けがに注意

解答用紙

問題用紙　　教科の番号

教科ごとに分ける。　⚠ 紛失注意

※教科数が上図と異なる場合があります。
　解答用紙がない場合や，問題と一体になっている場合があります。
　教科の番号は，教科ごとに分けるときの参考にしてください。

リアル過去問の活用

～リアル過去問なら入試本番で力を発揮することができる～

❀ 本番を体験しよう！

問題用紙の形式（縦向き／横向き），問題の配置や余白など，実物に近い紙面構成なので本番の臨場感が味わえます。まずはパラパラとめくって眺めてみてください。「これが志望校の入試問題なんだ！」と思えば入試に向けて気持ちが高まることでしょう。

❀ 入試を知ろう！

同じ教科の過去数年分の問題紙面を並べて，見比べてみましょう。

① 問題の量

毎年同じ大問数か，年によって違うのか，また全体の問題量はどのくらいか知っておきましょう。どのくらいのスピードで解けば時間内に終わるのか，大問ひとつにかけられる時間を計算してみましょう。

② 出題分野

よく出題されている分野とそうでない分野を見つけましょう。同じような問題が過去にも出題されていることに気がつくはずです。

③ 出題順序

得意な分野が毎年同じ大問番号で出題されていると分かれば，本番で取りこぼさないように先回りして解答することができるでしょう。

④ 解答方法

記述式か選択式か（マークシートか），見ておきましょう。記述式なら，単位まで書く必要があるかどうか，文字数はどのくらいかなど，細かいところまでチェックしておきましょう。計算過程を書く必要があるかどうかも重要です。

⑤ 問題の難易度

必ず正解したい基本問題，条件や指示の読み間違いといったケアレスミスに気をつけたい問題，後回しにしたほうがいい問題などをチェックしておきましょう。

❀ 問題を解こう！

志望校の入試傾向をつかんだら，問題を何度も解いていきましょう。ほかにも問題文の独特な言いまわしや，その学校独自の答え方を発見できることもあるでしょう。オリンピックや環境問題など，話題になった出来事を毎年出題する学校だと分かれば，日頃のニュースの見かたも変わってきます。

こうして志望校の入試傾向を知り対策を立てることこそが，過去問を解く最大の理由なのです。

❀ 実力を知ろう！

過去問を解くにあたって，得点はそれほど重要ではありません。大切なのは，志望校の過去問演習を通して，苦手な教科，苦手な分野を知ることです。苦手な教科，分野が分かったら，教科書や参考書に戻って重点的に学習する時間をつくりましょう。今の自分の実力を知れば，入試本番までの勉強の道すじが見えてきます。

❀ 試験に慣れよう！

入試では時間配分も重要です。本番で時間が足りなくなってあわてないように，リアル過去問で実戦演習をして，時間配分や出題パターンに慣れておきましょう。教科ごとに気持ちを切り替える練習もしておきましょう。

❀ 心を整えよう！

入試は誰でも緊張するものです。入試前日になったら，演習をやり尽くしたリアル過去問の表紙を眺めてみましょう。問題の内容を見る必要はもうありません。どんな形式だったかな？受験番号や氏名はどこに書くのかな？…ほんの少し見ておくだけでも，志望校の入試に向けて心の準備が整うことでしょう。

そして入試本番では，見慣れた問題紙面が緊張した心を落ち着かせてくれるはずです。

※まれに入試形式を変更する学校もありますが，条件はほかの受験生も同じです。心を整えてあせらずに問題に取りかかりましょう。

数 学

平成 ㉚ 年度　解答例・解説

━━━━━━━━━━━━━━━━ 《解答例》 ━━━━━━━━━━━━━━━━

1　ア.⓪　イ.③　ウ.②　エ.②　オ.②　カ.④　キ.③　ク.⑤　ケ.⑦

　　コ.⑧　サ.①　シ.⑤　ス.②　セ.⓪　ソ.⑧　タ.③

2　ア.②　イ.④

3　ア.①　イ.③　ウ.④

4　ア.①　イ.②　ウ.⊖　エ.①　オ.②　カ.①　キ.⓪　ク.②　ケ.⑨

5　(1)④　(2)ア.②　イ.②

━━━━━━━━━━━━━━━━ 《解　説》 ━━━━━━━━━━━━━━━━

1　(1)　与式 $=\dfrac{2}{3}\times 9+\dfrac{3}{4}\times(-8)=6-6=0$

　(2)　与式 $=(6+2\times\sqrt{3}\times\sqrt{6}+3)\times\dfrac{1}{\sqrt{7}+1}\times\dfrac{1}{\sqrt{7}-1}=\dfrac{9+6\sqrt{2}}{(\sqrt{7}+1)(\sqrt{7}-1)}=\dfrac{9+6\sqrt{2}}{7-1}=\dfrac{9+6\sqrt{2}}{6}=$
　　$\dfrac{3+2\sqrt{2}}{2}$

　(3)　与式 $=\dfrac{6(x+y)-3(y+z)-2(z+x)}{6}=\dfrac{6x+6y-3y-3z-2z-2x}{6}=\dfrac{4x+3y-5z}{6}$

　(4)　$x^2-16x-36=(x-18)(x+2)$ と因数分解できるので，この式に $x=2018$ を代入すると，
　　$(2018-18)(2018+2)=2000\times 2020=4040000$　　　よって，桁数は 7 桁，各位の数の和は $4+4=8$ である。

　(5)　$\dfrac{144}{n}$ が自然数となるとき，n は 144 の約数であればよいので，144 の約数の個数を求める。144 を素数の積で表
　　すと，$144=2^4\times 3^2$ となる。約数は素数の積で表すことができ，2 の取り出し方は，2^0，2^1，2^2，2^3，2^4 の
　　5 通り，3 の取り出し方は，3^0，3^1，3^2 の 3 通りある（$2^0=1$，$3^0=1$）。よって，144 の約数は全部で，
　　$5\times 3=15$(個)あるので，n は 15 個とわかる。

　(6)　右図のように，直線 ℓ と m と平行な直線 n を正三角形の頂点を通るように

　　引く。正三角形の 1 つの角は $60°$ で，平行線の錯角は等しいことから，

　　$40+x=60$ が成り立つ。よって，$x=20$ である。

　(7)　円周角の定理より，$\angle CAB=\angle CDB=30°$，$\angle ACB=90°$ なので，
　　$\triangle CAB$ は $\angle CAB=30°$ の直角三角形である。よって，$BC:AB:AC=1:2:\sqrt{3}$ なので，
　　$AC=\dfrac{\sqrt{3}}{2}AB=\dfrac{\sqrt{3}}{2}\times 16=8\sqrt{3}$ (cm)

2　$79÷a$ をすると，余りが 7 となるので，$79-7=72$ は a の倍数である。同様にして，$104-8=96$ も a の倍数であ
　る。したがって，条件に合う a のうちもっとも大きい整数は，72 と 96 の最大公約数である。
　　72 と 96 を素数の積で表すと，$72=2^3\times 3^2$，$96=2^5\times 3$ なので，この 2 数の最大公約数は $2^3\times 3=24$

3　(1)　A，B，C，D，E の 5 人が読んだ本の合計冊数は，$9\times 5=45$(冊)，20 人が読んだ本の合計冊数は，$12\times 20=$
　　240(冊)なので，A，B，C，D，E の 5 人以外の 15 人が読んだ本の合計冊数は，$240-45=195$(冊)である。

よって，求める平均値は，$\dfrac{195}{15}=13$（冊）

(2) A，B，C，D，Eの5人が読んだ本の合計冊数は，表より，$-2x+12+8+2x^2-5x+21-x^2+16=x^2-7x+57$（冊）となり，これは45冊と等しいので，$x^2-7x+57=45$ が成り立つ。

$x^2-7x+12=0$　$(x-3)(x-4)=0$　$x=3$，4

それぞれのときの本の冊数を求めると，右表のようになる。

名前	A	B	C	D	E
$x=3$のとき	6	8	18	6	7
$x=4$のとき	4	8	32	1	0

ある3人が読んだ本の合計冊数は，$12\times3=36$（冊）なので，残りの2人が読んだ本の合計冊数は，$45-36=9$（冊）である。表より，$x=3$のときは2人の読んだ本の合計冊数がどの2人を選んでも9冊にならず，条件に合わないとわかり，$x=4$のときは2人をBとDにすると $8+1=9$（冊）になり，条件に合う。よって，$x=4$のときの5人の値を小さい順に並べると，0，1，4，8，32，中央値は真ん中の値なので，4冊とわかる。

4 **(1)** 2点A，Bは$y=ax^2$のグラフ上の点なので，それぞれの座標は，A$(-2，4a)$，B$(1，a)$と表せる。直線ℓの傾きをaを用いて表すと，$\dfrac{a-4a}{1-(-2)}=-a$ となり，$-a=-\dfrac{1}{2}$ より，$a=\dfrac{1}{2}$ とわかる。

(2) (1)より，A$(-2，2)$，B$\left(1，\dfrac{1}{2}\right)$とわかる。直線ℓの式を$y=-\dfrac{1}{2}x+b$とし，Aの座標を代入すると，$2=-\dfrac{1}{2}\times(-2)+b$ より，$b=1$となり，直線ℓの式は，$y=-\dfrac{1}{2}x+1$とわかる。

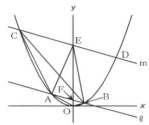

ℓ//mだから，直線mとy軸との交点をEとすると，△ABCと△ABEは底辺をともにABとしたときの高さが等しいから，△ABC＝△ABEとなる。

また，直線ℓとy軸との交点をFとすると，△OAB＝△OAF＋△OBF，△ABE＝△AEF＋△BEFであり，同じ高さの三角形の面積比は底辺の長さの比と等しいことから，△OAB：△ABE＝OF：EFとわかる。つまり，OF：EF＝1：9で，直線ℓの切片からF$(0，1)$だから，OE＝$1+9=10$となる。よって，直線mの式は，$y=-\dfrac{1}{2}x+10$である。

(3) 点Dの座標を求める。Dは直線mと$y=\dfrac{1}{2}x^2$の交点なので，$\dfrac{1}{2}x^2=-\dfrac{1}{2}x+10$ が成り立ち，これを解く。

$x^2+x-20=0$　$(x+5)(x-4)=0$　$x=-5$，$x=4$　Dのx座標は正の数より，$x=4$なので，D$(4，8)$である。直線ADの式を$y=sx+t$とし，A$(-2，2)$，D$(4，8)$を代入すると，$2=-2s+t$，$8=4s+t$ が成り立ち，この2式を連立方程式として解く。$s=1$，$t=4$となり，直線ADの式は，$y=x+4$とわかる。直線ODの式を$y=px$とし，D$(4，8)$を代入して解くと，$p=2$となり，直線ODの式は，$y=2x$とわかる。

△OADの周上または内部にある$(a，b)$となりうる座標は，線分AD，ODの間またはいずれかの線上にある点である。$x=1$のとき，AD上の点は$(1，5)$，OD上の点は$(1，2)$なので，$(1，2)$，$(1，3)$，$(1，4)$，$(1，5)$の4つある。同様に考えると，$x=2$のとき，$(2，4)$，$(2，5)$，$(2，6)$の3つ，$x=3$のとき，$(3，6)$の1つ，$x=4$以上のときはない。したがって，△OADの周上または内部にある$(a，b)$は $4+3+1=8$（つ）ある。$(a，b)$の組み合わせは，全部で $6\times6=36$（通り）あるので，求める確率は，$\dfrac{8}{36}=\dfrac{2}{9}$である。

5 (1) 図3から順番に折り紙を開いていくと，下図のようになる。

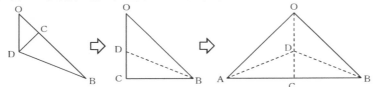

(2) 図3の△OCDは∠OCD＝90°の直角二等辺三角形なので，CD＝OCであり，OC＝OB－BCで求められる。図2の△OCBは∠OCB＝90°の直角二等辺三角形なので，BC：OB＝1：$\sqrt{2}$である。したがって，BC＝$\dfrac{1}{\sqrt{2}}$OB＝$\sqrt{2}$なので，CD＝OC＝2－$\sqrt{2}$である。

━━━━━━━━━━━━━━━━━━━ 《解答例》 ━━━━━━━━━━━━━━━━━━━

1 ア. ⑦ イ. ⑦ ウ. ① エ. ⑥ オ. ① カ. ② キ. ② ク. ④ ケ. ②

コ. ② サ. ① シ. ② ス. ⑤ セ. ② ソ. ③ タ. ③ チ. ⑥

2 ア. ① イ. ⓪ ウ. ⑤

3 ア. ③ イ. ④ ウ. ① エ. ⑨

4 ア. ③ イ. ⑨ ウ. ② エ. ⑦ オ. ⑧ カ. ① キ. ⑤ ク. ⑧ ケ. ①

5 ア. ⑥ イ. ① ウ. ⑧ エ. ① オ. ⑨ カ. ② キ. ③ ク. ④ ケ. ③

━━━━━━━━━━━━━━━━━━━ 《解　説》 ━━━━━━━━━━━━━━━━━━━

1 (1) 与式 $=-\left(\dfrac{1}{2}\right)^2-36\div\left(-\dfrac{64}{27}\right)\div(-12+15)=-\dfrac{1}{4}-36\times\left(-\dfrac{27}{64}\right)\times\dfrac{1}{3}=-\dfrac{1}{4}+\dfrac{81}{16}=-\dfrac{4}{16}+\dfrac{81}{16}=\dfrac{77}{16}$

(2) 与式 $=18+12\sqrt{2}+4-2(16-5)=22+12\sqrt{2}-2\times11=22+12\sqrt{2}-22=12\sqrt{2}$

(3) $x^2-4x+2=0$ で 2 次方程式の解の公式を使うと，$x=\dfrac{-(-4)\pm\sqrt{(-4)^2-4\times1\times2}}{2\times1}=2\pm\sqrt{2}$

よって，$a=2+\sqrt{2}$，$b=2-\sqrt{2}$ だから，

$a^2+ab=a(a+b)=(2+\sqrt{2})(2+\sqrt{2}+2-\sqrt{2})=4(2+\sqrt{2})$

(4) $3x-4y=-25$…① と $5x+6y=9$…② は同じ解をもつから，連立方程式として解くことができる。

①×3＋②×2 で y を消去すると，$9x+10x=-75+18$　　$19x=-57$　　$x=-3$

②に $x=-3$ を代入すると，$5\times(-3)+6y=9$　　$6y=24$　　$y=4$

$ax+y=1$ に $x=-3$，$y=4$ を代入すると，$-3a+4=1$　　$-3a=-3$　　$a=1$

$x+by=5$ に $x=-3$，$y=4$ を代入すると，$-3+4b=5$　　$4b=8$　　$b=2$

(5) 右のように作図する。

△ABC において，内角と外角の関係から，∠BAC＝55°－45°＝10°

平行線の錯角は等しいから，∠EFC＝∠FED＝62°

△AFG において，内角と外角の関係から，

∠AGF＝∠GFC－∠GAF＝62°－10°＝52°

対頂角は等しいから，∠x＝∠AGF＝52°

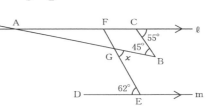

(6) 底面の中心を M とし，円すいの頂点と O と M を通る平面で立体を切断すると，

断面は右のように作図できる。球 O の半径を r cm とする。

三平方の定理より，$AB=\sqrt{AM^2+BM^2}=9\sqrt{2}$（cm）

△AOC∽△ABM が成り立つから，CO：MB＝AO：AB より，

$r:3\sqrt{2}=(12-r):9\sqrt{2}$

これを解くと r＝3 となるから，球 O の半径は 3 cm で，体積は，$\dfrac{4}{3}\pi\times3^3=36\pi$（cm³）

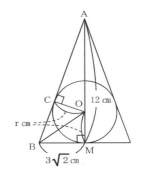

2 食塩水に含まれる食塩の量についての式を立てながら，a，b，c の数量関係を調べていく。

A，B，C に含まれる食塩の量はそれぞれ，$\dfrac{6}{100}a$ g，$\dfrac{10}{100}b$ g，$\dfrac{12}{100}c$ g である。

A と B を混ぜてできる食塩水には $\dfrac{9}{100}(a+b)$（g）の食塩が含まれているから，含まれる食塩の量について，

$\dfrac{9}{100}(a+b)=\dfrac{6}{100}a+\dfrac{10}{100}b$ $9a+9b=6a+10b$ $3a=b\cdots$①

AとCを混ぜてできる食塩水には$\dfrac{10.8}{100}(a+c)$（g）の食塩が含まれているから，含まれる食塩の量について，

$\dfrac{10.8}{100}(a+c)=\dfrac{6}{100}a+\dfrac{12}{100}c$ $10.8a+10.8c=6a+12c$ $4.8a=1.2c$ $4a=c\cdots$②

①より，食塩水Bは，$\dfrac{10}{100}b=\dfrac{10}{100}\times3a=\dfrac{30}{100}a$（g）の食塩を含む3 agの食塩水と表せる。

②より，食塩水Cは，$\dfrac{12}{100}c=\dfrac{12}{100}\times4a=\dfrac{48}{100}a$（g）の食塩を含む4 agの食塩水と表せる。

よって，3種類を全部混ぜてできる食塩水の濃度は，

$\left(\dfrac{6}{100}a+\dfrac{30}{100}a+\dfrac{48}{100}a\right)\div(a+3a+4a)\times100=\dfrac{84}{100}a\times\dfrac{1}{8a}\times100=10.5$（％）

3 2つのさいころの目の出方は全部で$6\times6=36$（通り）ある。

(1) aとbの積が偶数となる確率は，

［$1-$（aとbの積が奇数となる確率）］で求められる。

aとbの積が奇数となる出方は，右表1の〇印の9通りだから，

aとbの積が奇数となる確率は，$\dfrac{9}{36}=\dfrac{1}{4}$

よって，aとbの積が偶数となる確率は，$1-\dfrac{1}{4}=\dfrac{3}{4}$

(2) 与式に$x=1$を代入すると，$a\times1^2-b\times1-2=0$ $a-b=2$

したがって，$a-b=2$となる確率を求めればよい。

$a-b=2$となる出方は，右表2の〇印の4通りだから，求める確率は，$\dfrac{4}{36}=\dfrac{1}{9}$

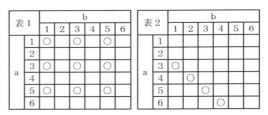

4 (1) $y=\dfrac{1}{2}x^2$と$y=\dfrac{1}{2}x+3$を連立させて解く。

$\dfrac{1}{2}x^2=\dfrac{1}{2}x+3$より，$x^2-x-6=0$ $(x-3)(x+2)=0$ $x=3,-2$

したがって，Aのx座標は-2，Bのx座標は3である。

$y=\dfrac{1}{2}x^2$に$x=3$を代入すると，$y=\dfrac{1}{2}\times3^2=\dfrac{9}{2}$となるから，B$\left(3,\dfrac{9}{2}\right)$

(2) 三角形の頂点の1つを通りその三角形の面積を二等分する直線は，通る頂点の向かいにある辺の中点を通る。

つまり，AOの中点をMとすると，直線MBの式を求めればよい。

(1)の解説よりA$(-2,2)$とわかるから，Mの座標は，$\left(\dfrac{0+(-2)}{2},\dfrac{0+2}{2}\right)=(-1,1)$

直線MBの式を$y=ax+b$とする。Mの座標から$1=-a+b$，Bの座標から$\dfrac{9}{2}=3a+b$が成り立つ。

これらを連立方程式として解くと，$a=\dfrac{7}{8}$，$b=\dfrac{15}{8}$となるから，求める式は，$y=\dfrac{7}{8}x+\dfrac{15}{8}$

(3) P$\left(p,\dfrac{1}{2}p^2\right)$，Q$\left(q,\dfrac{1}{2}q^2\right)$と表すことができる。2点P，Q間の変化の割合，つまり，直線PQの傾きは，

PQ//ABより直線ABの傾きと等しく，$\dfrac{1}{2}$である。したがって，変化の割合について式を立てると，

$\left(\dfrac{1}{2}p^2-\dfrac{1}{2}q^2\right)\div(p-q)=\dfrac{1}{2}$ $\dfrac{p^2-q^2}{2}\times\dfrac{1}{p-q}=\dfrac{1}{2}$ $\dfrac{(p+q)(p-q)}{p-q}=1$ $p+q=1$

また，次のように解くこともできる。

直線PQの式を$y=\dfrac{1}{2}x+c$として，$y=\dfrac{1}{2}x^2$と連立させると，$\dfrac{1}{2}x^2=\dfrac{1}{2}x+c$ ⑦$x^2-x-2c=0$

下線部⑦の解が$x=p$，qとなればよいから，$(x-p)(x-q)=0$と表せる。$(x-p)(x-q)=0$より，

⑦$x^2-(p+q)x+pq=0$となるから，下線部⑦と④のxの係数を比べると，$p+q=1$

5 (1) 円Ｏの半径をｒとすると，$2\pi r = 12\pi$ より，$r = 6$

(2) Ｐは１秒ごとに $360° \times \dfrac{3\pi}{12\pi} = 90°$ 進み，Ｑは１秒ごとに $360° \times \dfrac{2\pi}{12\pi} = 60°$ 進む。

したがって，２秒後には，Ｐは $90° \times 2 = 180°$，Ｑは $60° \times 2 = 120°$ 進んでいるから，

右図のような位置にある。

△ＯＡＱはＯＡ＝ＯＱの二等辺三角形だから，∠ＯＡＱ $= (180° - 120°) \div 2 = 30°$

ＡＰが直径だから，∠ＡＱＰ $= 90°$

したがって，△ＡＰＱは，３辺の比が $1 : 2 : \sqrt{3}$ の直角三角形だから，

ＰＱ $= \dfrac{1}{2}$ＡＰ $= 6$，ＡＱ $= \sqrt{3}$ＰＱ $= 6\sqrt{3}$

よって，△ＡＰＱ $= \dfrac{1}{2} \times$ＰＱ $\times$ＡＱ $= \dfrac{1}{2} \times 6 \times 6\sqrt{3} = 18\sqrt{3}$

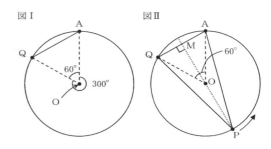

(3) (2)の解説をふまえる。Ｑは $60° \times 5 = 300°$ 進んで停止す

るから，右図Ｉの位置にある。△ＡＰＱの面積が最大になる

のは，ＡＱの垂直二等分線と円Ｏとの交点のうち，ＡＱから

遠い方の交点にＰがあるときであり，そのときは図Ⅱのよう

になる。△ＯＡＱは正三角形だから，△ＯＡＭは３辺の比が

$1 : 2 : \sqrt{3}$ の直角三角形なので，

ＯＭ $= \dfrac{\sqrt{3}}{2}$ＯＡ $= \dfrac{\sqrt{3}}{2} \times 6 = 3\sqrt{3}$

ＡＱ＝ＯＡ $= 6$，ＭＰ $= 6 + 3\sqrt{3}$ だから，△ＡＰＱ $= \dfrac{1}{2} \times 6 \times (6 + 3\sqrt{3}) = 9(2 + \sqrt{3})$

また，∠ＱＯＰ $= 300° \div 2 = 150°$ だから，図Ⅱで∠ＡＯＰのうち大きい方の角は，$60° + 150° = 210°$

５秒後にＰは $90° \times 5 = 450°$ 進んでいたから，１周して，Ａから $450° - 360° = 90°$ 進んでいた。

よって，５秒後から図Ⅱまでの間にＰは $210° - 90° = 120°$ 進んだから，図Ⅱは，５秒後のさらに $\dfrac{120}{90} = \dfrac{4}{3}$ (秒後)で

ある。

═══════════ 《解答例》 ═══════════

1　ア. ②　イ. ①　ウ. ③　エ. ②　オ. ①　カ. ①　キ. ②　ク. ①　ケ. ⑥

　　コ. ⑥　サ. ①　シ. ④　ス. ⑧　セ. ①　ソ. ④

2　ア. ⑥　イ. ⑤　ウ. ②　エ. ⓪　オ. ⑤

3　ア. ⑥　イ. ③

4　ア. ①　イ. ④　ウ. ②　エ. ③　オ. ⑥

5　ア. ③　イ. ②　ウ. ②　エ. ①　オ. ⑤　カ. ③　キ. ⑧

6　ア. ⑤　イ. ③　ウ. ①　エ. ②　オ. ⑤　カ. ⑦　キ. ①　ク. ⑨

═══════════ 《解　説》 ═══════════

1　(1)　与式$=\sqrt{3}+\dfrac{\sqrt{9}}{\sqrt{3}}\times\dfrac{15}{2}+2\sqrt{3}=\sqrt{3}+\dfrac{15\sqrt{3}}{2}+2\sqrt{3}=\dfrac{21\sqrt{3}}{2}$

　(2)　$(x^3y+2x^2y^2+xy^3)\div x^2y^2=xy(x^2+2xy+y^2)\times\dfrac{1}{x^2y^2}=\dfrac{(x+y)^2}{xy}$

$x+y=(\sqrt{11}+\sqrt{3})+(\sqrt{11}-\sqrt{3})=2\sqrt{11}$,　$xy=(\sqrt{11}+\sqrt{3})(\sqrt{11}-\sqrt{3})=(\sqrt{11})^2-(\sqrt{3})^2=11-3=8$

だから, 求める値は, $\dfrac{(2\sqrt{11})^2}{8}=\dfrac{44}{8}=\dfrac{11}{2}$

　(3)　題意から, $a=2b+4\cdots$①, $a-b=10\cdots$②が成り立つとわかる。②に①を代入すると,

$(2b+4)-b=10$となるから, これを解くと, $b=6$となる。また, ①から, $a=2\times6+4=16$

　(4)　$xy<0$であることから, xとyの符号が異なるとわかる。yの方が絶対値が大きく, $x+y<0$となるから, $x=6$, $y=-8$とわかる。よって, 求める値は, $x-y=6-(-8)=14$

　(5)　$2(x+3)^2-10=62$より, $2(x+3)^2=72$　　$(x+3)^2=36$　　$x+3=\pm6$　　$x=3$, -9

したがって, $x^2+ax-9=0$は$x=-9$を解にもつから, この方程式に$x=-9$を代入して,

$(-9)^2+a\times(-9)-9=0$　　$81-9a-9=0$　　$9a=72$　　$a=8$

　(6)　$7\leqq\sqrt{x}<8$だから, $\sqrt{7^2}\leqq\sqrt{x}<\sqrt{8^2}$となるため, $\sqrt{49}\leqq\sqrt{x}<\sqrt{64}$である。この条件を満たす自然数$x$

は, 最大で63, 最小で49だから, 求める差は, $63-49=14$

2　(1)　度数分布表は右のようになる。また, 75点を仮の平均と

すると, 仮の平均との差の平均は$(-300)\div30=-10$だから,

求める平均値は, $75+(-10)=65$

　(2)　(1)から, $X=65$となる。最頻値は, 度数が最も大きい階

級の階級値となるため, 右の表から, $Z=75$である。

$30\div2=15$だから, 中央値は点数が大きい方から数えて15番

目と16番目の平均である。この2つの点数は, 60点以上70点

未満の階級に入るから, 中央値はこの階級の階級値となるため, $Y=65$である。

よって, 求める値は, $X+Y+Z=65+65+75=205$

階級（点）	度数（人）	階級値（点）	仮の平均との差（点）	仮の平均との差の合計（点）
以上　未満				
20〜 30	1	25	−50	−50
30〜 40	3	35	−40	−120
40〜 50	4	45	−30	−120
50〜 60	5	55	−20	−100
60〜 70	3	65	−10	−30
70〜 80	6	75	0	0
80〜 90	4	85	+10	+40
90〜100	4	95	+20	+80
合計	30	✕	✕	−300

3　△EODはOE＝ODの二等辺三角形だから，∠EOD＝180－69×2＝42（°）

　対頂角は等しいから，∠AOC＝∠EOD＝42°

　平行線の錯角は等しいから，∠OAB＝∠AOC＝42°

　$\overparen{AC}$に対する円周角と中心角より，∠ABC＝$\frac{1}{2}$∠AOC＝21（°）

　三角形の1つの外角は，それととなり合わない2つの内角の和に等しいから，

　△ABFにおいて，∠x＝∠FAB＋∠ABF＝42＋21＝63（°）

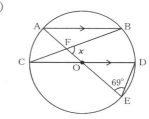

4　(1)　放物線$y＝ax^2$は点（4，4）を通るから，$4＝a×4^2$となるため，$a＝\frac{1}{4}$

　(2)　(1)から，2つの放物線の式は，$y＝\frac{1}{4}x^2$，$y＝－\frac{1}{2}x^2$とわかる。

　右の図のように記号をおくと，S_1とS_2の相似比（OA：OB）がわかれば，

　S_1とS_2の面積比がわかる。このため，はじめに点Bの座標を調べる。

　$－\frac{1}{2}x^2＝x$だから，$x^2＋2x＝0$　　$x(x＋2)＝0$　　$x＝0，－2$

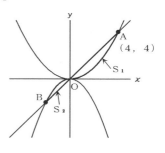

　$x＝0$は点Oのx座標だから，点Bのx座標は－2とわかり，B（－2，－2）

　となる。3点B，O，Aは一直線上にあるため，OA：OBは，

　（OからAまでのxの増加量）：（BからOまでのxの増加量）に等しい。

　OからAまでのxの増加量は4－0＝4，BからOまでのxの増加量は

　0－（－2）＝2だから，OA：OB＝2：1であるため，S_1とS_2の面積比は，$2^2：1^2＝4：1$である。

　よって，求める面積は，$\frac{8}{3}×\frac{1}{4}＝\frac{2}{3}$

　(3)　S_1に含まれるx座標の値は，$0≦x≦4$

　である。したがって，S_1の周上にある，x座

　標が整数の点のy座標を調べると，右の表の

　ようになる。よって，求める点の個数は，

　1＋1＋2＋1＋1＝6（個）となる（右の図参照）。

x座標		0	1	2	3	4
y座標	$y＝x$上	0	1	2	3	4
	$y＝\frac{1}{4}x^2$上	0	$\frac{1}{4}$	1	$\frac{9}{4}$	4
条件にあう点の個数		1個	1個	2個	1個	1個

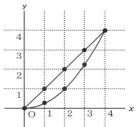

5　(1)　OHは面ABCに垂直だから，OHはHA，HB，HCの

　それぞれに垂直である。△OAHにおいて三平方の定理を利用

　すると，OH＝$\sqrt{OA^2－HA^2}＝1$（cm）となるから，△OBH，

　△OCHのそれぞれに三平方の定理を利用して

　HB＝$\sqrt{OB^2－OH^2}＝\sqrt{3}$（cm），HC＝$\sqrt{OC^2－OH^2}＝2\sqrt{2}$（cm）

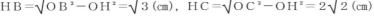

　(2)　3つの回転体は高さが等しい円すいだから，求める体積比は，底面積の比に等しい。

　△OAH，△OBH，△OCHそれぞれを，直線OHを軸として1回転してできる円すいの半径は，HA，

　HB，HCであり，半径が異なる円は互いに相似だから，3つの円すいの底面の円の相似比は，

　$\sqrt{15}：\sqrt{3}：2\sqrt{2}$となる。よって，求める体積比は，$(\sqrt{15})^2：(\sqrt{3})^2：(2\sqrt{2})^2＝15：3：8$

6　(1)　三角形の角の二等分線の定理から，BD：DC＝AB：AC＝5：3

　(2)　平行線の錯角，同位角はそれぞれ等しいから，右のように作図できる。

　△ACEはAE＝AC＝3cmの二等辺三角形で，∠AEM＝∠ACM＝30°

　だから，△AMCと△AMEは3辺の比が$1：2：\sqrt{3}$の直角三角形になる。

　AE＝AC＝3cmだから，AM＝$\frac{1}{2}$AE＝$\frac{3}{2}$（cm），

　EM＝$\sqrt{3}$AM＝$\frac{3\sqrt{3}}{2}$（cm）であり，EC＝2EM＝$3\sqrt{3}$（cm）

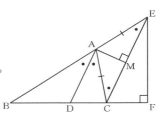

ここで，ＣＦ＝$x$cmとして，△ＥＢＦ，△ＥＣＦのそれぞれについて，三平方の定理を利用してＥＦ²をxで表すと，△ＥＢＦでは，ＥＦ²＝$8^2-(\sqrt{19}+x)^2$，△ＥＣＦでは，ＥＦ²＝$(3\sqrt{3})^2-x^2$となる。

したがって，$8^2-(\sqrt{19}+x)^2=(3\sqrt{3})^2-x^2$だから，これを解くと，$x=\dfrac{9}{\sqrt{19}}$

ＥＦ²＝$(3\sqrt{3})^2-x^2$に$x=\dfrac{9}{\sqrt{19}}$を代入すると，ＥＦ²＝$27-\dfrac{81}{19}=\dfrac{432}{19}$となるから，ＥＦ＝$\sqrt{\dfrac{432}{19}}=\dfrac{12\sqrt{57}}{19}$（cm）

=== 《解答例》 ===

1 ア. ⓪　イ. ②　ウ. ⑧　エ. ⑤　オ. ①　カ. ①　キ. ③　ク. ⑤

2 ア. ⑤　イ. ⑨

3 ア. ①　イ. ②　ウ. ⊖　エ. ④　オ. ⑧　カ. ③　キ. ①　ク. ④　ケ. ⑤

4 ア. ②　イ. ③　ウ. ③　エ. ①　オ. ①　カ. ③　キ. ⑥　ク. ②

5 ア. ①　イ. ①　ウ. ⑥　エ. ⑨　オ. ①　カ. ⑥

=== 《解　説》 ===

1 (1) 与式$=-4\times0.04+\dfrac{4}{25}=-0.16+0.16=0$

(2) 与式より，$\sqrt{3^2\times7}-\sqrt{m}=\sqrt{7}$　　$\sqrt{m}=3\sqrt{7}-\sqrt{7}$

$\sqrt{m}=2\sqrt{7}$　　$\sqrt{m}=\sqrt{2^2\times7}$　　$m=2^2\times7=28$

(3) $2x-y=-1\cdots$①，$(x-1):(y-5)=2:3$より，

$3(x-1)=2(y-5)$として整理すると，$3x-2y=-7\cdots$②

①×2－②でyを消去すると，$2x\times2-3x=-1\times2-(-7)$　　$4x-3x=5$　　$x=5$

①に$x=5$を代入すると，$2\times5-y=-1$　　$y=10+1=11$

(4) 1冊の本の売り値は，消費税が8％のときは$400\times(1+0.08)=432$（円）で，消費税が10％のときは

$400\times(1+0.1)=440$（円）である。

消費税が8％のときの年間の購入数をx冊とすると，$432x-440(x-5)=1920$ が成り立つ。この方程式を解

くと，$x=35$ となる。よって，求める冊数は35冊である。

2 △ABP∽△CBAだから，AB：CB＝BP：AB

$4:6=BP:4$より，$BP=\dfrac{8}{3}$，$PC=6-\dfrac{8}{3}=\dfrac{10}{3}$

また，△ABC∽△QPCだから，AB：QP＝BC：PC

$4:QP=6:\dfrac{10}{3}$より，$QP=\dfrac{20}{9}$

さらに，△ABR∽△PQRだから，AR：PR＝AB：PQ$=4:\dfrac{20}{9}=9:5$

よって，PRの長さはARの長さの$5\div9=\dfrac{5}{9}$（倍）である。

3 (1) ①のグラフは上に開いた放物線だから，xの絶対値が大きいほどyの値は大きくなるため，$x=-4$のと

き，$y=8$である。

よって，$y=ax^2$に$x=-4$，$y=8$を代入すると，$8=a\times(-4)^2$　　$a=\dfrac{1}{2}$

(2) 点Aは$y=\dfrac{1}{2}x^2$のグラフと$y=-x+4$のグラフとの交点だから，これらの式を連立させて解く。

$\dfrac{1}{2}x^2=-x+4$　　$x^2=-2x+8$　　$x^2+2x-8=0$　　$(x+4)(x-2)=0$　　$x=-4，2$

点Aのx座標は負の数だから-4，y座標は$-(-4)+4=8$より，$A(-4，8)$である。

(3) △APCと△BPCにおいて，底辺をともにPCとしたときの高さの比，つまり点Aのy座標と点Bのy

座標の比が面積比になる。

点Bのx座標は(2)より2，y座標は$-2+4=2$だから，$B(2，2)$

△APC：△BPC＝8：2＝4：1

よって，△APB：△BPC＝（△APC－△BPC）：△BPC＝3：1である。

x軸について点Bと対称な点をB′とすると，PB＝PB′となる。
したがって，△APBの周の長さが最も小さくなるのは，
AP＋PB＝AP＋PB′の長さが最も小さくなるときであり，
それは点Pが直線AB′上にあるときである。

B′(2，-2)で，直線AB′の式を求めると，$y=-\dfrac{5}{3}x+\dfrac{4}{3}$となる。

P(t，0)より，この式に$x=t$，$y=0$を代入すると，

$0=-\dfrac{5}{3}\times t+\dfrac{4}{3}$　　$\dfrac{5}{3}t=\dfrac{4}{3}$　　$t=\dfrac{4}{5}$

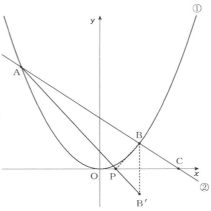

4 (1) OQ：OR＝2：4＝1：2で，∠QOR＝60°だから，△OQRは

3辺の長さの比が$1：2：\sqrt{3}$の直角三角形である。

よって，QR＝$2\times\sqrt{3}=2\sqrt{3}$（cm）

(2) 右図の台形PQRSはPS＝QR＝$2\sqrt{3}$cmの等脚台形である。

点Qより辺RSに垂線を引き，交点をHとすると，RH＝$\dfrac{4-2}{2}=1$（cm）で

ある。三角形QRHについて，三平方の定理より，

QH＝$\sqrt{(2\sqrt{3})^2-1^2}=\sqrt{11}$（cm）

よって，求める面積は，$\dfrac{1}{2}\times(2+4)\times\sqrt{11}=3\sqrt{11}$（cm²）

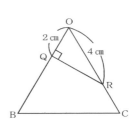

(3) 底面の対角線BDの中点をIとする。

BD＝$6\times\sqrt{2}=6\sqrt{2}$（cm）

BI＝$6\sqrt{2}\times\dfrac{1}{2}=3\sqrt{2}$（cm）

OI⊥BDとなるから，△OBIについて三平方の定理より，

OI＝$\sqrt{6^2-(3\sqrt{2})^2}=3\sqrt{2}$（cm）

OIが正四角錐の高さだから，求める体積は，

$\dfrac{1}{3}\times(6\times6)\times3\sqrt{2}=36\sqrt{2}$（cm³）

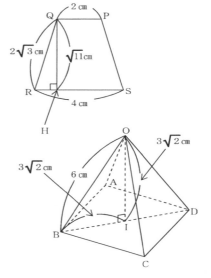

5 赤球を②，⑦，白球を2，6として，4×4＝16（通り）のすべての

取り出し方と得点を樹形図にまとめると，下のようになる。

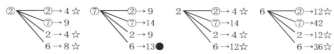

(1) 得点が素数になるのは●印の1通りだから，求める確率は，$\dfrac{1}{16}$

(2) 得点が4の倍数になるのは☆印の9通りだから，求める確率は，$\dfrac{9}{16}$

━━━━━━━━━━━━━━━━━━ 《解答例》 ━━━━━━━━━━━━━━━━━━

1 ア. ⑤　イ. ⑧　ウ. ③　エ. ②　オ. ④　カ. ⊖　キ. ①　ク. ①　ケ. ②　コ. ②

　 サ. ②　シ. ④　ス. ②　セ. ③　ソ. ⑦　タ. ②　チ. ⊖　ツ. ①　テ. ③　ト. ⑦

　 ナ. ⓪　ニ. ③　ヌ. ⑥　ネ. ⓪

2 ア. ②　イ. ⑦　ウ. ①　エ. ⑧

3 ア. ①　イ. ②　ウ. ①　エ. ⑥　オ. ⑤　カ. ⑧　キ. ⑤

4 ア. ④　イ. ①　ウ. ⑦　エ. ③　オ. ④　カ. ③　キ. ④　ク. ⑤　ケ. ⑤

5 ア. ①　イ. ⑥　ウ. ③　エ. ④　オ. ③

━━━━━━━━━━━━━━━━━━ 《解　説》 ━━━━━━━━━━━━━━━━━━

1 (1)　$x-3=$A とおくと，与式$=$A$^2+3$A$-40=($A$+8)($A$-5)$

　　Aを元にもどすと，$($A$+8)($A$-5)=(x-3+8)(x-3-5)=(x+5)(x-8)$

　(2)　与式$=\dfrac{1\times\sqrt{2}}{\sqrt{2}\times\sqrt{2}}+\dfrac{1\times\sqrt{3}}{\sqrt{3}\times\sqrt{3}}+\dfrac{1\times\sqrt{2}}{2\sqrt{2}\times\sqrt{2}}-\dfrac{2\times\sqrt{3}}{2\sqrt{3}\times\sqrt{3}}$

　　　　　$=\dfrac{\sqrt{2}}{2}+\dfrac{\sqrt{3}}{3}+\dfrac{\sqrt{2}}{4}-\dfrac{\sqrt{3}}{3}=\dfrac{2\sqrt{2}}{4}+\dfrac{\sqrt{2}}{4}=\dfrac{3\sqrt{2}}{4}$

　(3)　与式$=\dfrac{1}{9}x^4y^8\times\dfrac{2x}{3y^3}\times\left(-\dfrac{9}{8x^3y^3}\right)=-\dfrac{x^4y^8\times2x\times9}{9\times3y^3\times8x^3y^3}=-\dfrac{1}{12}x^2y^2$

　(4)　与式$=(101+99)(101-99)=200\times2=(2^3\times5^2)\times2=2^4\times5^2$

　(5)　2次方程式の解の公式より，$x=\dfrac{-(-6)\pm\sqrt{(-6)^2-4\times2\times1}}{2\times2}=\dfrac{6\pm\sqrt{28}}{4}=\dfrac{6\pm2\sqrt{7}}{4}=\dfrac{3\pm\sqrt{7}}{2}$

　(6)　$y=\dfrac{a}{x}$に$x=3$，$y=-2$を代入して整理すると$a=-6$だから，反比例の式は$y=-\dfrac{6}{x}$である。

　　　この式に$x=18$を代入すると，$y=-\dfrac{6}{18}=-\dfrac{1}{3}$

　(7)　右図のように記号をおく。

　　　三角形の外角の性質より，$\angle$a$=50-30=20(°)$

　　　同じ弧に対する円周角は等しいから，$\angle$b$=\angle$a$=20°$

　　　三角形の外角の性質より，$\angle x=50+20=70(°)$

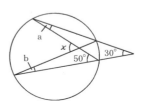

　(8)　右図のように記号をおく。

　　　三角形の外角の性質より，a$+$b$=$p，c$+$d$=$q，e$+$f$=$r，

　　　g$+$h$=$s，i$+$j$=$t，k$+$l$=$uだから，

　　　　a$+$b$+$c$+$d$+$e$+$f$+$g$+$h$+$i$+$j$+$k$+$l

　　　$=$p$+$q$+$r$+$s$+$t$+$u

　　　これは六角形の外角の和に等しいから，求める角度は，$360°$

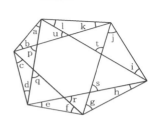

2 (1)　3人とも手の出し方はグー，チョキ，パーの3通りずつあるから，3人の手の出し方は

　　　$3\times3\times3=27$（通り）ある。

　(2)　勝者が1人もいないのは，3人の手がすべて同じか，すべて異なる場合である。

　　　3人の手がすべて同じになる出し方は，全員がグー，全員がチョキ，全員がパーの3通りある。

　　　3人の手がすべて異なる場合，3人の手の出し方は，（たかし，さとし，まさる）の順に，

(グー, チョキ, パー)(グー, パー, チョキ)(チョキ, グー, パー)(チョキ, パー, グー)
(パー, グー, チョキ)(パー, チョキ, グー)の6通りある。

よって, 勝者が1人もいない手の出し方は 3+6＝9 (通り)あるから, 求める確率は, $\dfrac{9}{27}=\dfrac{1}{3}$

3 (1) 水そうPにおいて, 12分間で入れる水の量は $12x$ cm³, 2台のポンプを用いて12分間でくみ出す水の量は $y\times2\times12=24y$ (cm³)だから, $24y=12x+24$ より, $y=\dfrac{1}{2}x+1$

(2) 水そうQにおいて x と y の関係式は, $y\times3\times5=5x+18$ より, $y=\dfrac{1}{3}x+\dfrac{6}{5}$

PとQの式を連立させると, $\dfrac{1}{2}x+1=\dfrac{1}{3}x+\dfrac{6}{5}$ より, $x=\dfrac{6}{5}$

$y=\dfrac{1}{2}x+1$ に $x=\dfrac{6}{5}$ を代入して解くと, $y=\dfrac{8}{5}$

4 (1) $y=ax^2$ に, 点Aの座標より $x=2$, $y=16$ を代入すると, $16=a\times2^2$ より, $a=4$

(2) 直線 ℓ の式を $y=-\dfrac{1}{2}x+b$ として, 点Aの座標より $x=2$, $y=16$ を代入すると, $16=-\dfrac{1}{2}\times2+b$ より,

$b=17$ だから, 求める y 座標は, 17

(3) 直線 ℓ の式 $y=-\dfrac{1}{2}x+17$ に $y=0$ を代入すると, $0=-\dfrac{1}{2}x+17$ より, $x=34$ だから, 求める x 座標は, 34

(4) 右図のように記号をおいて, △OBC∽△HOC を利用する。

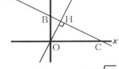

(2), (3)より, OB＝17, OC＝34

OB：OC＝1：2であり, 直角をはさむ2辺の長さの比が1：2の直角三角形

の3辺の長さの比は, 三平方の定理を利用すると, $1：2：\sqrt{5}$ とわかる。

△OBC∽△HOC より, △HOCも3辺の長さの比が $1：2：\sqrt{5}$ の直角三角形だから, $OH=\dfrac{1}{\sqrt{5}}OC=\dfrac{34\sqrt{5}}{5}$

5 (1) 正四面体ABCDの1つの面は正三角形であり, 正三角形の1辺の長さと高さの比は $1：\dfrac{\sqrt{3}}{2}$ だから,

1辺の長さが4の正三角形の高さは $4\times\dfrac{\sqrt{3}}{2}=2\sqrt{3}$ である。

よって, 求める表面積は, $\left(\dfrac{1}{2}\times4\times2\sqrt{3}\right)\times4=16\sqrt{3}$

(2) 右図は正四面体ABCDの展開図であり, EF＋FG＋GBの長さが最小に

なるのは, 4点E, F, G, Bが図のように一直線上に並ぶときである(このとき,

3点C, E, Fは重なっている)。その長さは, 正四面体の面である正三角形の高

さの2倍に等しく, $2\sqrt{3}\times2=4\sqrt{3}$

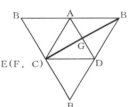

《解答例》

1　ア．③　イ．⑦　ウ．②　エ．④　オ．①　カ．①　キ．⑤　ク．①　ケ．③　コ．⑦

　　サ．⑦　シ．①　ス．③　セ．⊖　ソ．⑥　タ．①　チ．⑨　ツ．②　テ．②　ト．⑤

2　ア．②　イ．⑨　ウ．①　エ．②

3　ア．①　イ．④　ウ．③　エ．⑧　オ．③　カ．②　キ．④　ク．⑤

4　ア．①　イ．⑧　ウ．⊖　エ．④　オ．④　カ．②　キ．①　ク．④　ケ．③

5　ア．②　イ．④　ウ．③　エ．②　オ．④　カ．③　キ．⓪

《解　説》

1　(1)　与式 $=\dfrac{3}{8}+\left(-\dfrac{3}{4}\right)\times\dfrac{4}{9}+\dfrac{3}{2}=\dfrac{3}{8}-\dfrac{1}{3}+\dfrac{3}{2}=\dfrac{9-8+36}{24}=\dfrac{37}{24}$

(2)　与式 $=(a+b)^2-ab$

この式に $a=\sqrt{3}+\sqrt{2}$，$b=\sqrt{3}-\sqrt{2}$ を代入すると，

$\{(\sqrt{3}+\sqrt{2})+(\sqrt{3}-\sqrt{2})\}^2-(\sqrt{3}+\sqrt{2})(\sqrt{3}-\sqrt{2})=(2\sqrt{3})^2-(3-2)=12-1=11$

(3)　$ax+by=-17$ に $x=2$，$y=-3$ を代入すると，$2a-3b=-17\cdots$①

$bx-ay=13$ に $x=2$，$y=-3$ を代入すると，$2b+3a=13$　$3a+2b=13\cdots$②

①×2＋②×3より，

$\begin{array}{r}4a-6b=-34\\ +)\ 9a+6b=39\\ \hline 13a\qquad=5\\ a\qquad=\dfrac{5}{13}\end{array}$

①に $a=\dfrac{5}{13}$ を代入すると，

$2\times\dfrac{5}{13}-3b=-17$

$10-39b=-221$

$39b=231$　$b=\dfrac{77}{13}$

(4)　与式 $=3bx^2-6x+abx-2a=3bx^2+(ab-6)x-2a$

したがって，$-2a=10$ より，$a=-5$

$ab-6=4$ より，$ab=10$　この式に $a=-5$ を代入すると，$-5b=10$　$b=-2$

よって，$3b=c$ より，$3\times(-2)=c$　$c=-6$

(5)　10円硬貨の使い方は0〜3枚の4通り，50円硬貨の使い方は0〜2枚の3通り，100円硬貨の使い方は0〜1枚の2通りあるから，硬貨の使い方は全部で $4\times3\times2=24$（通り）ある。

このうち合計金額が等しくなる使い方は，各硬貨の枚数を(10円，50円，100円)で表すと，

(0，2，0)と(0，0，1)…100円

(1，2，0)と(1，0，1)…110円

(2，2，0)と(2，0，1)…120円

(3，2，0)と(3，0，1)…130円

の4通り。各硬貨が0枚の場合の1通りは条件にあわないから，支払うことができる金額は，

$24-4-1=19$（通り）

(6) かみ合っている歯車は同じ数だけ歯が進むから，Aが1回転すると，B，C，D，Eはいずれも歯の数16個分進む。よって，Eの回転数は，$16÷8=2$（回転）

(7) 三角形の1つの外角は，これととなりあわない2つの内角の和に等しいから，△OADにおいて，

∠ADB＝∠AOD＋∠OAD

△BCDにおいて，∠ADB＝∠BCD＋∠CBD＝75（°）

以上より，∠AOD＋∠OAD＝75（°）

1つの弧に対する中心角は円周角の2倍だから，

∠AOB＝2∠ACB＝50（°）

よって，$x＝75-50=25$（°）

2 大小2個のサイコロの目の出方は全部で，$6×6=36$（通り）

直線BCの傾きは，$\dfrac{4-2}{3-1}=1$

右図①のような座標平面上の三角形を考えると，傾きが1の直線と垂直に交わる直線の傾きは－1であることがわかる。

傾きが－1で点Bを通る直線の式は$y＝-x+3$だから，この直線上に点Aがあると△ABCは∠B＝90°の直角三角形となる。

傾きが－1で点Cを通る直線の式は$y＝-x+7$だから，この直線上に点Aがあると△ABCは∠C＝90°の直角三角形となる。

また，点Aの座標が（1，4）（3，2）のとき，△ABCは∠A＝90°の直角三角形となる。

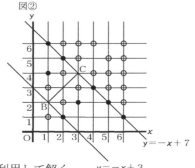

以上より，△ABCが直角三角形となるのは，点Aが右図②の●の位置にあるときだから，目の出方は8通りある。

したがって，△ABCが直角三角形となる確率は，$\dfrac{8}{36}=\dfrac{2}{9}$

また，△ABCが鈍角三角形となるのは，点Aが図②の○の位置にあるときだから，目の出方は18通りある。

したがって，△ABCが鈍角三角形となる確率は，$\dfrac{18}{36}=\dfrac{1}{2}$

3 高さが等しい2つの三角形の底辺の長さの比は，面積比に等しいことを利用して解く。

(1) BF：FC＝△ABF：△AFC＝1：4

(2) FC：HC＝△EFC：△EHC＝3：2

BF＝aとすると，FC＝4BF＝4aより，$HC＝\dfrac{2}{3}FC＝\dfrac{8}{3}a$

よって，$BF：HC＝a：\dfrac{8}{3}a＝3：8$

(3) (2)と同様にBF＝aとする。

BF：BC＝BF：（BF＋FC）＝1：5より，BC＝5BF＝5a

FH：HC＝（FC－HC）：HC＝1：2より，$FH＝\dfrac{1}{2}HC＝\dfrac{4}{3}a$　EG：EC＝△HGE：△EHC＝1：2

より，$EC = 2EG = 2FH = \dfrac{8}{3}a$

$EC : AC = \triangle EFC : \triangle AFC = 3 : 4$ より，$AC = \dfrac{4}{3}EC = \dfrac{32}{9}a$

よって，$AC : BC = \dfrac{32}{9}a : 5a = 32 : 45$

4 点Bは$y = px^2$上の点だから，$y = px^2$に$x = 8$を代入すると，$y = p \times 8^2 = 64p$

また，点Bは$y = \dfrac{1}{2}x + 32p$上の点でもあるから，$y = \dfrac{1}{2}x + 32p$に$x = 8$を代入すると，

$y = \dfrac{1}{2} \times 8 + 32p = 32p + 4$

以上より，$64p = 32p + 4$　　$p = \dfrac{1}{8}$

これより，放物線の式は$y = \dfrac{1}{8}x^2$，直線ABの式は$y = \dfrac{1}{2}x + 32 \times \dfrac{1}{8} = \dfrac{1}{2}x + 4$となる。

これらの式を連立方程式として解くと，$\dfrac{1}{8}x^2 = \dfrac{1}{2}x + 4$より，$x = -4$，$8$

これらの解のうち$x = 8$は点Bのx座標だから，点Aのx座標は，-4

したがって，$a = -4$

また，点Qは，直線ABと傾きが等しく点Oを通る直線と$y = \dfrac{1}{8}x^2$の交点のうち，点Oではない方の点である。

直線ABと傾きが等しく点Oを通る直線は$y = \dfrac{1}{2}x$だから，この式と$y = \dfrac{1}{8}x^2$を連立方程式として解くと，

$\dfrac{1}{2}x = \dfrac{1}{8}x^2$より，$x = 0$，$4$

これらの解のうち$x = 0$は点Oのx座標だから，点Qのx座標は，4

直線OQの式に$x = 4$を代入すると，$y = \dfrac{1}{2} \times 4 = 2$だから，$Q(4, 2)$

また，点Aを通り，$\triangle OAB$の面積を2等分する直線は，線OBの中点を通る。2点A，Bはともに$y = \dfrac{1}{8}x^2$

上の点だから，$y = \dfrac{1}{8}x^2$に$x = -4$，$x = 8$をそれぞれ代入すると，$y = \dfrac{1}{8} \times (-4)^2 = 2$より，$A(-4, 2)$

$y = \dfrac{1}{8} \times 8^2 = 8$より，$B(8, 8)$

線分OBの中点をCとすると，$\dfrac{0 + 8}{2} = 4$，$\dfrac{0 + 8}{2} = 4$より，$C(4, 4)$

直線ACの傾きは$\dfrac{4 - 2}{4 - (-4)} = \dfrac{1}{4}$だから，その式を$y = \dfrac{1}{4}x + m$とおいて，点Cの座標，$x = 4$，$y = 4$を代入す

ると，$4 = \dfrac{1}{4} \times 4 + m$より，$m = 3$

よって，求める直線の式は，$y = \dfrac{1}{4}x + 3$

5 (1) このときの位置関係は右図のようになる。

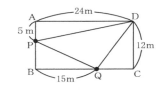

$AP = 1 \times 5 = 5$(m)，$PB = 12 - 5 = 7$(m)，$BQ = 3 \times 5 = 15$(m)，

$QC = 24 - 15 = 9$(m)

長方形ABCDの面積は$12 \times 24 = 288$(㎡)，

$\triangle APD = \dfrac{1}{2} \times 5 \times 24 = 60$(㎡)，$\triangle BPQ = \dfrac{1}{2} \times 7 \times 15 = \dfrac{105}{2}$(㎡)，$\triangle CDQ = \dfrac{1}{2} \times 12 \times 9 = 54$(㎡)だから，

$\triangle PQD = 288 - 60 - \dfrac{105}{2} - 54 = \dfrac{243}{2}$(㎡)

(2) Xは$12 \div 1 = 12$(秒後)に点Bに，Yは$24 \div 3 = 8$(秒後)に点Cに着くから，$0 < x < 8$のとき，XはAB

上に，YはBC上にある。

$AP = x$m，$PB = (12 - x)$m，$BQ = 3x$m，$QC = (24 - 3x)$m

$\triangle APD = \dfrac{1}{2} \times x \times 24 = 12x$(㎡)，$\triangle BPQ = \dfrac{1}{2} \times (12 - x) \times 3x = -\dfrac{3}{2}x^2 + 18x$(㎡)，

$\triangle$CDQ$=\dfrac{1}{2}\times12\times(24-3x)=144-18x$（㎡）だから，

$\triangle$PQD$=288-12x-(-\dfrac{3}{2}x^2+18x)-(144-18x)=\dfrac{3}{2}x^2-12x+144$（㎡）

したがって，$\dfrac{3}{2}x^2-12x+144=120$　これを整理すると，$(x-4)^2=0$

よって，$x=4$であり，これは$0<x<8$を満たす。

(3)　YとXの間の道のりは，最初は$24\times2+12=60$（m）あり，1秒あたりYはXに$3-1=2$（m）近づくと考えると，$60\div2=30$（秒後）

=====《解答例》=====

1　ア. ⊖　　イ. ⑤　　ウ. ⑥　　エ. ④　　オ. ⊖　　カ. ④　　キ. ⑧　　ク. ③　　ケ. ④　　コ. ⓪

　　サ. ③　　シ. ⑨　　ス. ⑧　　セ. ⑦　　ソ. ③　　タ. ⓪　　チ. ②　　ツ. ⑨　　テ. ①　　ト. ②

　　ナ. ⓪

2　ア. ⑦　　イ. ②　　ウ. ②　　エ. ②

3　ア. ⑤　　イ. ③　　ウ. ④　　エ. ②　　オ. ⑧　　カ. ⑨

4　ア. ①　　イ. ②　　ウ. ②　　エ. ④　　オ. ④　　カ. ⑧

5　ア. ②　　イ. ⑤　　ウ. ②　　エ. ②　　オ. ③　　カ. ③　　キ. ⓪　　ク. ②　　ケ. ⓪

=====《解　説》=====

1　(1)　与式 $= -\dfrac{1}{8} \div (-\dfrac{7}{3} + \dfrac{4}{3} \times \dfrac{3}{12})^2 \times 16 - \dfrac{1}{3}$

$= -\dfrac{1}{8} \div (-\dfrac{7}{3} + \dfrac{1}{3})^2 \times 16 - \dfrac{1}{3} = -\dfrac{1}{8} \div (-2)^2 \times 16 - \dfrac{1}{3} = -\dfrac{1}{8} \times \dfrac{1}{4} \times 16 - \dfrac{1}{3} = -\dfrac{1}{2} - \dfrac{1}{3} = -\dfrac{5}{6}$

(2)　与式 $= 1 - 2\sqrt{3} + 3 + 3 \div \dfrac{2\sqrt{3}}{4} - 3\sqrt{3} + 3\sqrt{3} = 4 - 2\sqrt{3} + 3 \times \dfrac{2}{\sqrt{3}} = 4 - 2\sqrt{3} + 2\sqrt{3} = 4$

(3)　$\begin{cases} x + y = 2\sqrt{6} \cdots \text{(i)} \\ x - y = 2\sqrt{2} \cdots \text{(ii)} \end{cases}$ とする。

(i)+(ii)より，$2x = 2\sqrt{6} + 2\sqrt{2}$　　$x = \sqrt{6} + \sqrt{2}$

(i)−(ii)より，$2y = 2\sqrt{6} - 2\sqrt{2}$　　$y = \sqrt{6} - \sqrt{2}$

$xy = (\sqrt{6} + \sqrt{2})(\sqrt{6} - \sqrt{2}) = 6 - 2 = 4$

$x^2 - y^2 = (x + y)(x - y) = 2\sqrt{6} \times 2\sqrt{2} = 8\sqrt{3}$

与式 $= -xy + (x^2 - y^2) = -4 + 8\sqrt{3}$

(4)　混ぜ合わせた5％の食塩水の量を x g とすると，10％の食塩水の量は $(50 - x)$ g と表せる。それぞれの食塩水に含まれる食塩の量について，$x \times \dfrac{5}{100} + (50 - x) \times \dfrac{10}{100} = 50 \times \dfrac{6}{100}$　　$5x + 500 - 10x = 300$　　$-5x = -200$

$x = 40$ より，求める食塩水の量は 40 g となる。

(5)　a，b，c，d は，この順で連続した正の整数だから，b = a + 1，c = a + 2，d = a + 3 と表せる。

与式より，$(a + 2)(a + 3) = a(a + 1) + 398$　　$a^2 + 5a + 6 = a^2 + a + 398$

$4a = 392$　　$a = 98$　　よって，求める和は，$98 + (98 + 1) + (98 + 2) + (98 + 3) = 398$

(6)　家から学校までの距離を x km とすると，登校にかかる時間は，毎時8 km の速さで進むと $\dfrac{x}{8}$ 時間，毎時15 km の速さで進むと $\dfrac{x}{15}$ 時間である。

登校にかかる時間の差について，$\dfrac{x}{8} - \dfrac{x}{15} = \dfrac{20 + 15}{60}$　　$15x - 8x = 70$

$x = 10$ より，毎時10 km の速さで進むときの登校にかかる時間は $\dfrac{10}{10} = 1$（時間）だから，求める時刻は，

8 時 30 分 − 1 時間 = 7 時 30 分

(7)　大小2個のさいころを投げるとき，すべての目の出方は $6^2 = 36$（通り）である。

与式より，$x^2+\{(-7)+(-11)\}x+(-7)\times(-11)=0$　$(x-7)(x-11)=0$　$x=7$，11

和が7となる(大,小)の目の数は，(1,6)(2,5)(3,4)(4,3)(5,2)(6,1)の6通り。

和が11となる(大,小)の目の数は，(5,6)(6,5)の2通り。よって，求める確率は，$\dfrac{6+2}{36}=\dfrac{2}{9}$

(8)　右図のように補助線を引き，記号をおく。

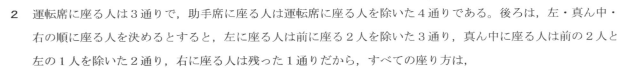

△POO′，△QOO′は正三角形だから，∠POQ＝$60\times2=120$(°)，

∠PO′Q＝$120°$

円周角の大きさは中心角の大きさの半分だから，

∠$x=120\div2=60$(°)，∠$y=60°$

以上より，∠$x+$∠$y=60+60=120$(°)

2　運転席に座る人は3通りで，助手席に座る人は運転席に座る人を除いた4通りである。後ろは，左・真ん中・右の順に座る人を決めるとすると，左に座る人は前に座る2人を除いた3通り，真ん中に座る人は前の2人と左の1人を除いた2通り，右に座る人は残った1通りだから，すべての座り方は，

$3\times4\times3\times2\times1=72$(通り)

母は運転できるから，(i)母が運転する場合と，(ii)母が運転しない場合に分けて考える。

(i)母が運転する場合，助手席は姉に決まる。後ろに座る3人の座り方は，

左から順に3通り，2通り，1通りとなるから，$3\times2\times1=6$(通り)

(ii)母が運転しない場合，母と姉が隣り合って座るには，2人は後ろに座らなければならない。運転席は父か兄の2通り，助手席は運転しない父か兄のどちらかとB君の2通りである。助手席に座らなかった人を○で表すと，後ろの3人の座り方は，母姉○，姉母○，○母姉，○姉母の4通りだから，母が運転しない場合の座り方は，全部で$2\times2\times4=16$(通り)

(i)・(ii)より，求める場合の数は，$6+16=22$(通り)

3　ABに対して点Eと線対称な点をHとすると，EH＝$2AE=4$(cm)

△ABEにおいて，三平方の定理により，BE＝$\sqrt{AB^2+BE^2}=\sqrt{53}$(cm)

△BGE∽△EBH(証明略)より，BG：EB＝BE：EH

BG：$\sqrt{53}=\sqrt{53}$：4　BG＝$\dfrac{53}{4}$(cm)

DF＝$x$cmとすると，CF＝$7-x$(cm)と表せる。

また，ED＝$7-2=5$(cm)，CG＝$\dfrac{53}{4}-7=\dfrac{25}{4}$(cm)である。

△EDF∽△GCF(証明略)より，DF：CF＝ED：GC

x：$(7-x)=5$：$\dfrac{25}{4}$　$\dfrac{25}{4}x=5(7-x)$　$5x=28-4x$　$x=\dfrac{28}{9}$

4　直線OAの傾きは$\dfrac{1}{2}$より，直線BCの式を$y=\dfrac{1}{2}x+b$とおく。

点Bを通るから，$x=-2$，$y=1$を代入すると，$1=\dfrac{1}{2}\times(-2)+b$より，$b=2$

よって，直線BCの式は$y=\dfrac{1}{2}x+2$となる。

点Cは$y=\dfrac{1}{4}x^2$と$y=\dfrac{1}{2}x+2$の交点だから，$\dfrac{1}{4}x^2=\dfrac{1}{2}x+2$より，

$x^2-2x-8=0$　$(x-4)(x+2)=0$　$x=4$，-2

$x=-2$は点Bのx座標だから，点Cのx座標は4であり，y座標は$\frac{1}{4}\times 4^2=4$より，点Cの座標は(4，4)となる。

四角形OACBを，△OABと△ABCに分けて考える。

AB＝2－(－2)＝4より，求める面積は，$\frac{1}{2}\times 4\times 1+\frac{1}{2}\times 4\times(4-1)=8$

5 側面のおうぎ形の半径をr cmとすると，底面の円Oの円周と側面のおうぎ形の弧の長さは等しいから，

$2\times 5\pi=2\pi r\times\dfrac{120}{360}$　$r=15$(cm)

三平方の定理から，円すいの高さは，$\sqrt{15^2-5^2}=\sqrt{200}=10\sqrt{2}$ (cm)

よって，この円すいの体積は，$\frac{1}{3}\times 5^2\pi\times 10\sqrt{2}=\dfrac{250\sqrt{2}}{3}\pi$ (cm³)

中心Oが動くのは，右図の太線部分である。

太線部分を直線部分と曲線部分に分けて考えると，直線部分の長さの和は，

$15\times 2=30$(cm)

曲線部分の長さは，半径が $15+5=20$(cm)で中心角の大きさが$120°$のおう

ぎ形①の弧の長さと，半径が5 cmで中心角の大きさが$90°$のおうぎ形②・③

の弧の長さと，半径が5 cmで中心角の大きさが $360-120-90\times 2=60(°)$のおうぎ形④の弧の長さの和に等し

いから，$2\times 20\pi\times\dfrac{120}{360}+2\times 5\pi\times\dfrac{90}{360}\times 2+2\times 5\pi\times\dfrac{60}{360}=20\pi$ (cm)

よって，中心Oが進む距離は$30+20\pi$ cmとなる。

英 語

《解答例》

1	1. ①	2. ⑤							
2	3. ①	4. ⑨							
3	5. ④	6. ④	7. ②	8. ②	9. ①				
4	10. ⑤	11. ②	12. ①						
5	13. ③	14. ⑤	15. ③	16. ④					
6	17. ②	18. ⑥	19. ④	20. ①					
7	21. ②	22. ①	23. ③	24. ⑤	25. ①	26. ④	27. ⑤	28. ④	29. ④	30. ⑤
8	31. ②	32. ①	33. ⑤	34. ④	35. ③	36. ⑤	37. ②	38. ③		

《解 説》

3 **5**　・the＋最上級＋○○＋(that)＋I have ever＋過去分詞「今まで～した中で最も…な○○」

　　6　直後に all があるから，④が適当。〈the＋最上級〉の後は，〈of＋複数を表す名詞〉または〈in＋集団を表す名詞〉が来る。・the＋最上級＋of all＋○○「○○ の中で最も…だ」

　　7　〈(省略された関係代名詞)＋主語＋動詞〉で後ろから the pictures を修飾する文。関係代名詞の後や〈過去分詞＋語句〉の中に the pictures を指す代名詞は入らないから，them のある③と④は×。文意：「これらは私がカナダで撮った写真です」

　　8　目的を表す to 不定詞「～するために」の文。文意：「ロビンソン医師はニュースを見るためにテレビをつけた」

　　9　2文目「彼の家族はいつも，その2人のために盛大な誕生日会をする」より，「ジェイムズは祖父と同じ日に生まれた」という文にするから，①が適当。・be born「生まれる」

4 **10**　・out of control「制御不能で」・take care of ～「～の世話をする」・be proud of ～「～を誇りに思っている」

　　11　・prepare for ～「～に備える」・for ～「～のために」・mistake A for B「A を B とまちがえる」

　　12　・both A and B「A も B も両方とも」・比較級＋and＋比較級「ますます…に」・～ and so on「～など」

5 **13**　He doesn't <u>have</u> time <u>to</u> play with his dog.：「～する時間」＝time to ～，「～と遊ぶ」＝play with ～

　　14　How many <u>times</u> have <u>you</u> been to Canada?：経験した回数を尋ねる現在完了の疑問文〈How many times have/has ＋主語＋過去分詞?〉にする。　「(場所)へ行ったことがある」＝have/has been to＋場所

　　15　He will <u>be</u> able to <u>ride</u> a horse soon.：「～できるようになるだろう」＝will be able to ～，「馬に乗る」＝ride a horse

　　16　You need <u>to</u> get <u>along</u> with your teammates.：「～する必要がある」＝need to ～，「～と仲良くする」＝get along with ～

6　【6　本文の要約】参照。

　　18　⑥Please do!の do は come tomorrow を指す。

　　20　・look forward to ～ing「～するのを楽しみにする」

【6　本文の要約】

ミク　　　　　：こんにちは，グリーンさんですか？日本から来たミクです。

グリーンさん：(A)②まあ，ミク！アメリカ合衆国へようこそ！今，どこなの？

ミク　　　　　：ボストンにいるのですが，明日伺ってもいいでしょうか？

グリーンさん：(B)⑥ぜひそうしてちょうだい！いつ来られるの？

ミク　　　　　：サンフランシスコ国際空港に午前９時頃到着する予定です。

グリーンさん：それはちょうどよかったわ。迎えに行きましょうか？

ミク　　　　　：(C)④ありがたいです！どこで待っていたら良いでしょう？

グリーンさん：税関を出たところはどうかしら？

ミク　　　　　：税関を出たところですか？わかりました。何日か泊めていただいてもいいですか？

グリーンさん：(D)①もちろんよ！あなたが来るのを楽しみにしているわ。

ミク　　　　　：最高です！サンフランシスコでお会いしましょう。

グリーンさん：気をつけて来てね。では明日。

7　21　【7　本文の要約】参照。・～ ago「～前」

　　22　【7　本文の要約】参照。・hit ～「～に命中する／～にぶつかる」

　　23　【7　本文の要約】参照。第３段落にある order A to B「A に B するよう命令する」の文から読み取る。to kill all
the dangerous animals が命令の内容である。

　　24　【7　本文の要約】参照。「毒入りのジャガイモ」→「注射」→「食べ物を与えるのをやめる」の流れだから，
⑤が適当。①Usually「通常は」　②Precisely「まさしく」　③Originally「本来は」　④Exactly「まさに」

　　25　【7　本文の要約】参照。逆接の①が適当。

　　26　【7　本文の要約】参照。食べ物を与えられなくなったゾウたちが芸当をした理由となる文で，過去形で書かれ
た④が適当。①～③，⑤は時制が過去でないから×，更に⑤は hope が受動態にならないから，意味を成さない。

　　27　【7　本文の要約】参照。直後の文に，ゾウたちが横になっていたとあるから，立ち上がれない状態だったと判
断する。⑤が適当。・no longer ～「もはや～ない」

　　28　「…すぎて～できない」を表す〈too … to～〉は〈so … that＋主語＋can't ～〉に書きかえられる。

　　29　【7　本文の要約】参照。「飼育係たちはジョンにいくつかの毒入りのジャガイモを与えた，（　　）」に入るも
のだから，④「しかし，賢いジョンは良いジャガイモだけを食べた」が適当。①×「そしてそれらのジャガイモが
彼を殺した」　②×「なぜなら飼育係たちは彼を救いたかったからだ」　③×「なぜなら彼はとてもお腹を空かせ
ていたからだ」　⑤×「しかし，かわいそうなジョンはもう動けなかった」

　　30　○については【7　本文の要約】参照。①「戦争中，何頭かの危険な動物が動物園から×逃げ出した」
②×「飼育係たちは３頭のゾウを救いたくなかったが，救った」　③×「爆弾が２頭のゾウを殺した」　④「２頭
のゾウが検査された時，その胃の中には×水があった」　⑤○「ジョンは食べ物なしで２週間以上生きた」

【7　本文の要約】

　何年も[1]②前，上野動物園にはジョン，トンキー，ワンリーという３頭のすばらしいゾウがいた。彼らは芸当をする
ことができた。上野動物園の来園者は彼らの芸当を見るのが大好きだった。

その当時，日本は戦争中だった。少しずつ情勢は悪化していた。東京には毎日爆弾が落とされた。

陸軍は「②①爆弾が動物園に命中したら，危険な動物が逃げ出して東京の人々を傷つけるだろう」と言った。それで，23動物園にライオン，トラ，クマのような全ての危険な動物を殺すよう命令した。

間もなく３頭のゾウを殺すときが来た。飼育係たちは彼らを殺したくなかったが，命令に従わなければならなかった。彼らはジョンから始めた。

29ジョンはジャガイモが大好きだったため，彼らは良いジャガイモに毒入りのジャガイモを混ぜて彼に与えた。しかしジョンはとても賢かったので良いジャガイモだけを食べた。そこで，彼らは彼に注射をしようとした。しかしジョンの皮ふはあまりに硬く，注射針が入らなかった。

④⑤ついに30⑤彼らはジョンに食べ物を与えるのをやめる決断をした。かわいそうなジョンは17日で死んだ。

そしてトンキーとワンリーの番が来た。彼らはいつも愛情のこもった瞳で人間を見た。彼らは思いやりがあって優しい心をもっていた。

⑤①しかし，ゾウの飼育係たちは彼らに食べ物を与えるのをやめなければならなかった。飼育係がおりのそばを通ると，彼らは立ち上がって鼻を空中に上げた。⑥④彼らは食べ物と水をもらえることを願って芸当をしたのだった。

動物園の誰もが涙ながらに，「もし彼らがもう少し長く生きられたら，戦争が終わり生きのびられるかもしれない」と言った。

トンキーとワンリーは⑦⑤もはや動くことができなかった。彼らは地面に横になっていたが，まだその瞳は美しかった。

飼育係が様子を見に行くと，彼らはすっかり弱って見えた。飼育係はあまりに辛くなってしまい，もう彼らを見ることができなかった。

爆弾は東京に落ち続けた。そして数日後，トンキーとワンリーは死んだ。そのゾウたちの身体が検査されると，彼らの胃の中には何もなかった。一滴の水すらなかった。

現在，３頭のゾウたちは他の動物たちと共に，上野動物園の記念碑の下で安らかに眠っている。

8　31～35　【8　本文の要約】参照。

　　36　【8　本文の要約】参照。「（　　）以上のスポーツ選手が，オリンピックのたいまつをオリンピアから北京に運んだ」の（　　）に入るものだから，第9段落3～4行目より，twenty thousand（＝20000）が適当。

　　37, 38　〇については【8　本文の要約】参照。①「最初のオリンピックでは×水泳競技があった」　　②〇「最初のオリンピックには女性の選手はいなかった」　　③〇「最初のオリンピックが始まると，1か月間争いが中断された」　　④「11名の×男性がオリンピックのたいまつの炎に火をつける」　　⑤「オリンピックのたいまつを船で運んだことは×ない」

【8　本文の要約】

　最初のオリンピックのために，オリンピアに何千人もの人がやって来ました。彼らはギリシャの多くのさまざまな町からやって来ました。

　最初は，1)②短距離競走しかありませんでした。後に，跳躍競技，ボクシング競技，競馬もできました。オリンピックは楽しいものでした。人々は食べ物，飲み物，花を売りました。歌手や踊り子もいました。

　37②オリンピックでは，男性しか競技できませんでした。今日のオリンピックでは，スポーツ選手は短パンとシャツを着ますが，最初のオリンピックでは，スポーツ選手は何も着ていませんでした。2)①オリンピックを見る女性は一人もいなかったのです！

　ギリシャでは，当時，争いが絶えませんでした。しかし，38③オリンピックが始まるとみんな1か月間，争うのをやめました。彼らはオリンピックに行きました。そしてオリンピックが終わると，また人々は争いを始めたのでした。

千年もの間，③⑤オリンピアでは４年毎にオリンピックがありました。それは西暦 400 年ごろに中断し，約 1500 年間は再開しませんでした。

　今日オリンピックには，夏季オリンピックと冬季オリンピックの２つがあります。

　現代のオリンピックは常にギリシャで行われるとは限りません。④④毎回違う国で開催されます。

　男女問わず何千人ものスポーツ選手がオリンピックにやってきます。彼らは世界中の 200 以上の国から来るのです。彼らはみな，自国のためにメダルを取りたいと思っています。１位の金メダル，２位の銀メダル，３位の青銅のメダルです。

　オリンピアではオリンピックの少し前に，11 名の女性がオリンピックのたいまつの炎に火をつけます。それから，⑤③選手たちがギリシャのオリンピアから，オリンピックのスタジアムまでたいまつを持って行くのです。これは長い距離になることもありえます。オリンピックのたいまつを船や飛行機に乗せる必要がある場合もあります。36 2008 年は，オリンピアから中国の北京まで，２万人以上の選手がたいまつを持って行きました。

　何日，あるいは何週間後かに，オリンピックのスタジアムに最後の選手が到着し大きな炎に火をつけます。これでオリンピックが始められます！

━━━━━━━━━━━━━━━━━━━━━《解答例》━━━━━━━━━━━━━━━━━━━━━

1　1．①　　2．⑤

2　3．①　　4．⓪

3　5．①　　6．④　　7．③　　8．④　　9．⑤

4　10．③　　11．②　　12．⑤

5　13．④　　14．⑤　　15．③　　16．①

6　17．⑤　　18．④

7　19．①　　20．⑤　　21．②　　22．①　　23．①　　24．②　　25．②　　26．⑤　　27．③　　28．④

8　29．⑤　　30．③　　31．④　　32．①　　33．②　　34．②　　35．②　　36．③

━━━━━━━━━━━━━━━━━━━━━《解　説》━━━━━━━━━━━━━━━━━━━━━

3　5　後にある動詞 came が過去形だから，過去形の①が適当。・put＋もの＋on＋場所「(場所)の上に(もの)を置く」

　　6　主語が The pamphlet で，(　　)の後がそのパンフレットに書かれている内容だから④が適当。・say＋(that)＋主語＋動詞「(本など)に～と書いてある」

　　7　現在完了"継続"の文だから，③が適当。・since＋過去を表す文「～だった時から」

　　8　形容詞の最上級を使った文で直後に all があるから，④が適当。〈the＋最上級〉の後は，〈of＋複数を表す名詞〉または〈in＋集団を表す名詞〉が来る。

　　9　比較級を強める働きをする副詞は⑤である。・much＋比較級＋than＋○○(名詞)「○○(名詞)よりずっと～」

4　10　・add to ～「～を増す」・have been to ～「～へ行ったことがある」・from A to B「A から B まで」

　　11　・come up with ～「～を思いつく」・help＋人＋with＋もの「(人)の(もの)を手伝う」・○○(名詞)＋with ～「～のある○○(名詞)」

　　12　・in need「困っている／助けが必要な」・keep ～ in mind「～を覚えておく」・in the evening「晩に」

5　13　Do you know what to do for protecting yourself? :「何をすべきか」は what to do と表す。前置詞 for の後に続く動詞は ing 形(動名詞)にする。

　　14　Many things I learned there were interesting. :「私がそこで学んだ多くのこと」は〈(関係代名詞)＋主語＋動詞〉で後ろから名詞(ここでは things)を修飾して表す。

　　15　There were some students who had nothing to read. :「～がいました」は〈There was/were＋○○(名詞).〉で表す。was/were は直後の名詞に合わせる。「何も読むものがない学生」は〈関係代名詞＋動詞〉で後ろから名詞(ここでは students)を修飾して表す。・nothing to ～「何も～するものがない」

　　16　My sister is too young to understand the book. :「～するには…すぎる」は〈too…to ～〉で表す。

6　【6本文の要約】参照。

　　17　風呂敷の歴史に関する文が不要。

　　18　パートナードッグの危険性や不安に関する文が不要。

【6本文の要約】

[α]　あなたは風呂敷を使ったことがありますか？①風呂敷は日本の伝統的な布です。②それは四角い形で，ものを包んだり運んだりするのに使われます。③それらは何度も使えるので環境に良いです。それを持っていれば，包み紙

やビニール袋を使う必要がありません。それらは便利でもあります。④それらを折り畳んでポケットに入れることができます。⑤それらは奈良時代に初めて作られ，今は若者の間で人気が出ています。－もっと多くの人々が風呂敷を使うべきだと思います。風呂敷を使うことは環境を助ける1つの方法です。

［β］　パートナードッグは事故や病気で歩いたり満足に手を使ったりすることができない人を手伝う。パートナードッグを使う人々は『ユーザー』と呼ばれる。パートナードッグはどうやってユーザーを手伝うのだろうか？①日本の多くのパートナードッグがラブラドール・レトリバーである。その名の『レトリバー』は，retrieve に由来する。retrieve するとは，何かを見つけそれを持ち帰ってくるという意味だ。ラブラドール・レトリバーは retrieve するのが好きだ。②ユーザーに何かを持って来ることが彼らの仕事の1つだから，それは重要である。③また，パートナードッグは約50の単語を理解し，彼らのために多くのことを行う。④彼らと暮らすのを少し怖がる人もいる。パートナードッグはドアの開け閉めや買い物に行くときにユーザーを手伝う。⑤ユーザーの暮らしは彼らのおかげで楽になっている。彼らがユーザーにとって重要であることを，私たちは理解するべきである。

7　19　間接疑問文だから，〈疑問詞＋主語＋動詞〉の語順にする。この文は主語を尋ねる文だから，疑問詞と主語が同じで〈疑問詞＋名詞〉の形になっている。その後は「話されている」という意味になるから，受動態〈be 動詞＋過去分詞〉の語順にする。

20　「その言語の約半数」という意味になる。almost は修飾する語の直前に来る。・half of ～「～の半分」

21　【7本文の要約】参照。〈過去分詞＋語句〉で後ろから名詞(ここでは language)を修飾している。

22　similar は「似ている」という意味。第2段落に書かれている状況と似たような状況だと言っているから，①が適当。若い人が学ぶ機会に恵まれないのは少数言語に限られるから，②は×。

23　直後が〈人＋状態〉の語順になっているから，③が適当。・make＋人＋状態「(人)を(状態)にする」proud は動詞ではなく形容詞であることに注意しよう。・proud of ～「～に誇りを持って」

24　【7本文の要約】参照。直後の and support different cultures? と矛盾しない②が適当。

25　【7本文の要約】参照。直後の They はコミュニケーションの手段であり，文化や歴史の一部であるものだから，languages を指す。文中にLanguages(複数形)がある②が適当。最後の2文で，環境と同様にそれを次の世代の人たちのために守りたいと述べていることから，筆者が言語を宝物だと思っていることが読み取れる。

26　【7本文の要約】参照。「ニュージーランドでは，(　　)ために英語が共通語になった」の(　　)に入るものだから，⑤「イギリスから多くの人々がニュージーランドに来た」が適当。④の「マオリ人の言語を話すことに反対した」は本文にない内容だから×。

27　【7本文の要約】参照。「筆者は(　　)と言っている」の(　　)に入るものだから，③「言語は大切であり，私たちは自分の言語を守るべきだ」が適当。

28　全体を通して少数言語が危機にひんしていることや少数言語を守ることについて書かれているから，④「危機にひんした言語」が適当。

　あなたは世界でいくつの言語が話されているか知っていますか？100だと思いますか？1000ですか？いいえ，もっとずっと多いのです。世界には約6000種類の言語があります。しかし残念なことに，それらの言語のほぼ半分は消滅する危険があります。

　言語は，もう話す人がいなくなると，消滅します。日本にさえ，危機にひんしている言語があります。日本語が日本で ③②話されている 唯一の言語ではないことはご存知でしょう。アイヌ語のような独特の言語を話す先住民もいます。しかし，それを話す先住民は年をとっていき，若者はその言語を学ぶ機会があまりありません。いつの日か，このような少数言語は完全に消滅してしまうでしょう。

　ニュージーランドもよく似た状況にありました。先住民のマオリ族には，イギリス移民がやって来るずっと前は，勢いのある言語と文化がありました。しかしイギリスからますます多くの人がやってくるにつれて，英語が共通語になりました。1980年代までには，上手にマオリ語を話すマオリ族はわずかになってしまいました。数人のマオリ族の族長たちは，彼らの言語を復活させるための運動を始めました。彼らはマオリ族に授業を行い，マオリ文化に誇りを持たせました。今，ニュージーランドでは，マオリ語も英語も両方とも公用語になっています。

　全員が使う共通語が数個しかないのはよいことでしょうか？言語の数が少なければ，異国間のコミュニケーションはもっと楽になるかもしれません。 ⑥②あるいは，すべての言語を保護し ，様々な文化を支えるべきでしょうか？あなたはどう思いますか？

　私の意見を言わせてください。私は，全ての人が自分の言語に誇りを持ち，それをよく学ぶべきだと思います。また，だれもが第二言語を学ぶべきだとも思います。異なる人々とコミュニケーションを取り，その人たちの文化を学ぶためにです。そうすれば私たちはみな，よりお互いを理解できます。

　 ⑦②言語は宝物です。 言語はコミュニケーションの手段だけでなく，自分たちの文化と歴史の一部でもあります。私たちはみな，次の世代の人たちのために，環境を守りたいと思っています。私たちは自分たちの言語にも同じことをするべきだと，私は思うのです。

8　29〜34　【8本文の要約】参照。

　　35，36　○については【8本文の要約】参照。①○「人の血液型について話すことは，日本では一般的である」　②×「多くの科学者が，A型の人はまじめだと言っている」　③×「多くの科学者が，AB型の人が世界で増えていることを証明している」　④○「アメリカとヨーロッパでは，多くの人々が自分の血液型を知らない」　⑤○「ボリビアでは，血液型が性格を表していると考えない」

「私の血液型，わかる？」

「いや。でも君はとてもまじめな人だからな，A型だと思う」

「すごい！その通りよ！」

35.36① 2人の日本人生徒が血液型について話しています。この手の会話は日本ではありふれたものです。

　今日日本では，多くの人が血液型に興味があります。彼らは，血液型が性格を表していると思っています。しかし，多くの他の国では， ⑴⑤人々はそうは思っていません 。なぜ日本人は血液型が性格を表すと思っているのでしょうか？

　ひとつの理由として，日本ではそれぞれの血液型の人がたくさんいるということがあります。しかし，他の国では状況は異なります。例えば， ②③ボリビアではほとんどの人がO型です 。35.36⑤ このような国では，人々は血液型が性格を表すとは考えません。

別の理由として，日本人はたいてい自分の血液型を知っているということがあります。しかし，③④外国では，多くの人がそれ(＝自分の血液型)を知りません。35.36④アメリカやヨーロッパから来た人に「あなたの血液型は何？」と尋ねてみてください。その人はこう言うでしょう。「④②どうしてそんなことを聞くの？血液型を知っているのは医者だけよ」と。自分の血液型を知らなければ，血液型と性格について人と話すことはできません。

この２つの理由から，日本では血液型は人が性格を判断する時によく使われるのです。これは韓国でも同じです。⑤①そこの人々は血液型に大変興味があります。

科学者たちはどう考えているのでしょう？多くの科学者たちが，血液型と性格には何の関係もないと言っています。中には関係を調査した科学者もいますが，何の関係も発見されていません。しかし，⑥②日本人の中には，いまだに血液型がおもしろい話題だと考えている人がいます。あなたは，血液型が性格を表していると思いますか？

===== 《解答例》 =====

1 1. ①   2. ⑦
2 3. ③   4. ⑥
3 5. ③   6. ②   7. ③   8. ⑤   9. ②
4 10. ①   11. ⑤   12. ①   13. ④   14. ③
5 15. ③   16. ⑥   17. ⑧   18. ④   19. ①
6 20. ④   21. ③   22. ⑤   23. ①   24. ⑤   25. ②   26. ①   27. ②
7 28. ①   29. ②   30. ②   31. ⑤   32. ①   33. ③   34. ①   35. ④   36. ③

===== 《解　説》 =====

3 5 主語が her new book だから，受動態〈be 動詞＋過去分詞〉の③が適当。

6 to の直後には do your homework が省略されている。

7 直後に than があるから，③が適当。exciting のような語尾が ly でない 2 音節以上の形容詞の比較級は〈more＋原級〉の形。

8 （　）の直後に人を表す語がないから，受動態になる表現が入る。How many＋○○は複数として扱うから be 動詞が were の⑤が適当。invite＋人＋to＋行事「（人）を（行事）に招く」

9 文末に this morning「今朝」があるから，過去形の②が適当。明確な過去を表す語がある場合は，現在完了は使えない。

4 10 Have you <u>ever</u> seen such <u>a</u> big cat? :「～したことがありますか？」は現在完了"経験"〈have＋過去分詞〉の疑問文で表す。「そんなに～な○○」＝such a ～＋○○」

11 I don't <u>know</u> what made <u>me</u> so happy. :「なぜあんなに幸せだったか」をここでは「何が私をあんなに幸せにしたのか」にして表す。・make＋人＋状態「（人）を（状態）にする」

12 We have <u>had</u> little snow for <u>more</u> than three months. : 主語が We だから，ここでは We have snow を使って天気を表す。（　）内に期間を表す語があるから，現在完了"継続"〈have＋過去分詞〉にする。「～以上」＝more than ～

13 He told me to <u>ask</u> the woman how old <u>she</u> was. : ask＋人＋もの「（人）に（もの）を聞く」のものの部分が〈疑問詞＋主語＋動詞〉の語順になった間接疑問文。

14 What kind <u>of</u> books are <u>you</u> interested in? :「どんな種類の○○～？」＝What kind of＋○○ ～?,「～に興味がある」＝be interested in ～

5 15～19 【5 本文の要約】参照。

【5 本文の要約】

メアリー　　　：もう，やだ。家に入れないわ。マイク！来てちょうだい。テレビを消してドアのところに来て。マイク，聞いて。ドアを開けて！

ジョーンズ夫人：A どうしたのですか？

メアリー　　　：ドアに鍵がかかっていて，鍵を中に置いてきてしまったのです。マイクが中にいるのですが，テレビの音が大きくて。マイク，テレビを消してちょうだい。

ジョーンズ夫人：裏のドアはどうですか？

メアリー	：Bそこも鍵がかかっているのです。
ジョーンズ夫人	：窓は？はしごはありますか？
メアリー	：ありません。
ジョーンズ夫人	：うちにありますよ。待っていてください。

数分後

メアリー	：Cジョーンズさん，気をつけてくださいね。
ジョーンズ氏	：僕は大丈夫。手伝ってくれ。はしごを持っていて。
ジョーンズ夫人	：あの窓は開いているの？
ジョーンズ氏	：いや，ここも鍵がかかっている。すべて鍵がかかっている。
メアリー	：マイク，聞こえる？ドアを開けてちょうだい。
マイク	：僕にはあけられないよ。高すぎて。
メアリー	：Dまだ3歳ですから。
ジョーンズ氏	：メアリーさん，いい考えがあります。犬用のドアは？
メアリー	：そうでしたわ！マイク，テーブルの上にママの鍵があるわ。それを私にちょうだい。犬用のドアから出して。
マイク	：わかった。
メアリー	：ああ，取れた！おふたりとも，ありがとうございました。
ジョーンズ夫人	：どういたしまして，メアリーさん。いつでも言ってください。
メアリー	：Eちょっと待って！ これは家の鍵じゃないわ！車の鍵よ！マイク！テレビを消してってったら！マイク！

6 **20** 手紙の最初などで相手の様子を尋ねる表現は How are you?や How's it going?など。How about you?はすでに話題として出ていることに対して使う表現，How about going?は相手を誘う表現だから，ここでは不適。

21 直後に〈for＋期間〉があるから，現在完了"継続"の③が適当。

22 下線部⑶は直前の語 place を修飾する形容詞的用法。同じく house を修飾する⑤が適当。⑤は「彼らは住むための家を持っていない」という意味。

23 ・get to ～「～に着く」・get up「起きる」・get on ～「～に乗る」・get off ～「～を降りる」・get well「回復する」なお，前置詞で文が終わるのは不自然に感じるかもしれないが，「〇〇は（人）にとって～するのに…だ」という意味の〈〇〇＋is…for＋人＋to ～〉では，to ～より後に来る主語を表す語が省略されるためである。

24 Aには顧客サービスの質，Bには品物の価格に関する形容詞が入る。文中に than other stores does「他の店よりも」とあるから，比較級にする。

25 look forward to ～「～を楽しみにする」に続く動詞は ing 形にする。「〇〇から連絡をもらう」は〈hear from＋〇〇〉で表す。

26 〇は【6 本文の要約】参照。①…〇「兄（弟）が店長になる」　②…「兄（弟）が宣伝担当になる」　③…「兄（弟）が会計を行う」　④…「自分が店長になる」　⑤…「自分が店長になり会計を行う」

27 ①…「×ルーシーは今でもコンピュータのエンジニアとして働いている」　②…〇「ルーシーはイーサンに新しいビジネスについての知らせを知ってほしいから手紙を書いている」　③…×「ルーシーは自分の店をオープンするので，クレウィストンにはスポーツ用品店がない」　④…「ルーシーはマークよりも落ち

着きがある」　⑤…×「ルーシーの店はすでにオープンしている」

【6　本文の要約】

[1]お元気ですか？あなたは今でもコンピュータのエンジニアとして働いていますか？ご家族はみなお元気でお幸せなことと思います。数か月も[2]お便りしなくてすみませんでした。

　今日は，私達家族の新しい商売に関するすばらしいお知らせがあって書いています。ご存知のように，クレウィストンにはスポーツ用品店がありません。スポーツ用具が買える最も近い場所でもここから30マイル先です。兄(弟)のマークと私は，居住者が行きやすいスポーツ用品店を開くことにしました。他のお店よりも顧客サービスを[A]良くし，お値段は他のお店よりも[B]お安くします。マークが店長を務めます。彼はお客様の対応が上手ですし，私よりも落ち着いています。私は宣伝担当になり，会計を行います。今私達はみな大忙しです。お店は5月にオープンの予定です。

　近いうちにぜひお立ち寄りください。ご家族にもよろしくお伝えください。[5]ご連絡をお待ちしております。

7　28　〈関係代名詞 that＋主語＋動詞〉で後ろから名詞(ここでは information)を修飾する。it は the brain を指す。

　　29　【7　本文の要約】参照。(B)は動詞 remember を修飾するから，副詞が適当。

　　30　【7　本文の要約】参照。・find＋もの＋状態「(もの)が(状態)だとわかる」

　　31　【7　本文の要約】参照。(　　)の前後はともに睡眠にとって良くないことだから，⑤が適当。

　　32　All of this is bad for sleeping. :〈all of＋名詞の単数形〉は単数として扱うから，be 動詞は is である。・be bad for ～「～にとって悪い」なお，This is all...とすると，of が余る。

　　33　【7　本文の要約】参照。

　　34　寝る前に毎晩行うことだから，①が適当。

　　35　第1段落は睡眠が脳に与える影響，第2段落は睡眠を阻害すること，第3段落は睡眠前に行う大切なことについて書かれている。全体で考えると，④「睡眠の大切さ」が適当。

　　36　①…「病気になった後，免疫機構は弱くなる」　②…「人は日中十分に運動した後，晩にいつも仕事や勉強のことを考えている」　③…○「質の良い睡眠を得るためには，寝室は暗く静かであるべきだ」　④…「寝る前に毎晩違うことをするべきである」　⑤…「毎夜同時刻に本を読んだり音楽を聴いたりしようとするべきではない」

【7　本文の要約】

睡眠は，脳のためにとても大切です。私達が眠っている間，脳がそれ自体を修復します。脳はまた[1]昼間学んだ情報を保管します。もし十分な睡眠をとらないと，脳はこれらのことができません。もし私達は[A]疲れると，物事をそんなに[B]うまく覚えることができません。自己防衛機構である，私達の免疫機構は弱くなり，ゆえに病気にかかりやすくなります。

　くつろいでいないので，[2]ほとんどの人が眠ることを困難だと思っています。そういう人は日中十分運動しておらず，晩になってもまだ仕事や勉強のことを考えています。[3]さらに夜遅くまで電話をしたりメールのメッセージを見たりしています。彼らはまた，コーヒーのようなカフェインを多く含むものを飲み過ぎていたり，寝る直前に夕飯を食べたりします。これらはすべて，睡眠のために悪いことです。

　もちろん，くつろいだ気持ちになることは大切です。[5]しかし，質の良い睡眠を得るのに役立つことは他にもあります。まず何より，ベッドが快適でなければいけません。明かりや騒音に邪魔されないよう，寝室は暗く静かであるべきです。また，寝る前に毎晩同じ慣習を行うことも良いでしょう。最後に，毎晩同じ時間に寝るようにするのがよいでしょう。こうして，私達は睡眠の質をより良くして，翌日もっと活動的に感じるようになるのです。

━━━━━━━━━━━━━━━━━《解答例》━━━━━━━━━━━━━━━━━

1	1. ②	2. ⑧						
2	3. ②	4. ⑦						
3	5. ⑤	6. ⑤	7. ④	8. ④	9. ①			
4	10. ④	11. ②	12. ④	13. ②	14. ①			
5	15. ③	16. ⑥	17. ⑨	18. ④	19. ②	20. ⑧		
6	21. ②	22. ①	23. ②	24. ③	25. ④	26. ②	27. ⑤	28. ③	29. ⑧
7	30. ③	31. ②	32. ④	33. ⑤	34. ①			
8	35. ④	36. ②	37. ②	38. ③				

━━━━━━━━━━━━━━━━━《解　説》━━━━━━━━━━━━━━━━━

3 **5**　（　）以下はその前の理由を表しているから，⑤が適当。・because＋主語＋動詞「〜だから」

　6　「印刷された辞書」を正しく表す⑤が適当。過去分詞（ここでは printed）だけで名詞を修飾するときは〈過去分詞＋名詞〉の語順になる。

　7　every ten minutes は「10分おきに」という頻度を表すから，頻度を尋ねる疑問文にする。・How often ~?「どのくらいの頻度で〜？」

　8　直前に enjoyed があるから，ing 形の④が適当。・enjoy ~ing「〜して楽しむ」

　9　後に〈since＋過去を表す文〉があるから，現在完了"継続"〈have＋過去分詞〉の①が適当。

4 **10**　I don't know when they will hold their next concert. : know などの後に疑問文が来るときは〈疑問詞＋主語＋動詞〉の語順にする。

　11　It was difficult for me to explain *"setsubun"* in English. :「(人)にとって〜することは…だ」＝it is…for＋人＋to ~　「英語で」＝in English

　12　*"Frozen"* is the best movie I've ever watched. :「今まで〜した中で一番…な〇〇」は〈the＋最上級＋〇〇＋(that) I have ever＋過去分詞〉で表す。

　13　Do you want him to call you back? :「(人)に〜してほしい」＝want＋人＋to ~　「(人)にかけ直す」＝call＋人(代名詞)＋back／call back＋人(名詞)

　14　Ken's computer is not as old as mine. :「…ほど〜でない」＝not as ~ as…

5 **15〜20**　【本文の要約】参照。

【本文の要約】

A : 昨夜国立競技場へサッカーの試合を見に行ったの？

B : ⒜うん！とてもおもしろい試合だった。

A : ⒝君の好きなチームは勝った？

B : いいや。それで僕は悲しくなったけれど，試合は楽しかったよ。

A : ⒞人はいっぱいいた？

B : もちろん。国立競技場はとても大きいんだ。それは東京オリンピックのメインスタジアムとして使われたんだよ。

A：⒟東京オリンピックはいつ開催されたの？

B：1964年に開催されたよ。

A：⒠新しい国立競技場が作られると聞いたよ。いつ作られるの？

B：2020年に作られるよ。次の東京オリンピックがその年に開催されるよ。

A：⒡新しいスタジアムと次の(東京)オリンピックを見るのが楽しみだ。

6　21　【本文の要約】参照。　　22　ロバートとジェニーがいる場所(駐車場)を指す。

　　23　【本文の要約】参照。・○○＋with ～「～のある○○」

　　24　【本文の要約】参照。最初にエレベーターに乗ったのはロバートとジェニーの２人。その後，若くて背の高い男と犬が乗り込んだので，エレベーターにいるのは３人と１匹(の犬)になった。

　　25　最終段落の Here's your money.より，夫妻は背の高い男に脅されたと勘違いしてお金を渡したとわかる。

　　26　「銃を持った泥棒」に適する形容詞を選ぶ。

　　27　この文は過去の出来事を表すから，read は過去形。[レッド]と発音する。

　　28・29　【本文の要約】参照。

【本文の要約】

　ジェニーとロバートのスレーター夫妻は，アメリカで休暇を過ごしていた。彼らは若い夫婦で地元イギリスを離れたのは初めてだった。彼らには車があったので，有名な場所やおもしろい場所をたくさん訪れた。

　「私はニューヨークを見てみたいわ」ある朝ジェニーが言った。「行きましょうよ」

　「うーん，ねえ，どうだろう。みんなニューヨークは危険な場所だし，とても奇妙な人がたくさんいると言っているよ」夫は答えた。

　「気をつけましょう」ジェニーが言った。「⑴そうすれば何も問題はないわ」

そこで彼らは夕方早くにニューヨークに到着し，ホテルを見つけた。その後，彼らはホテルを出て通りをドライブした。何も問題はなかった。「ほらね」ジェニーは言った。「心配することなかったわ」

　彼らはすてきなレストランで夕食を食べ，それから映画を見た。ホテルに戻ったのは真夜中だった。駐車場はホテルの下にあり，彼らは駐車場に入り車を離れた。駐車場はとても暗く，あまりよく見えなかった。

　「エレベーターはどこかしら」ジェニーは尋ねた。

　「あそこだと思うよ，ドアの近く」ロバートは答えた。「さあ，行こう。こんな暗い場所はいやだよ」

　突然１匹の大きな黒い犬を⒜連れたとても背の高い若い男に出くわした。彼らは不安に思いながら男を通り過ぎ，エレベーターまでできるだけ速く歩いた。エレベーターのドアが開き，ジェニーとロバートは乗り込んだ。ドアが閉まる前に，男と犬が飛び乗って来た。エレベーターにいるのは，⒝３人の人間と⒞１匹の犬になった。

　28「床にふせろ！Girl！」背の高い男が言った。ジェニーとロバートは怖くなり，すぐさま床にふせた。エレベーターが次の階で止まると，彼らは立ち上がり，25お金をすべて男に渡してすぐに出た。

　「あいつは泥棒だ！多分銃を持っていた…。ここは危険だ！」ロバートが言った。「すぐニューヨークを出よう！」

　「そうね」ジェニーが答えた。「ニューヨークには26危険な人がいるわ」

　翌朝一番に彼らはホテルの受付の女性に部屋の鍵を返した。「お客様，支払うべきものはありません」彼女は言った。「すてきな犬を⒜連れた背の高い若い男性が昨夜遅く受付にいらして，お客様の部屋代を支払いま

した。あ，お待ち下さい。29これをあなたに，と置いて行きました」彼女は封筒をロバートに渡した。

29ロバートは慎重にそれを開け，手紙を取り出した。彼らはそれを一緒に読んだ。「あなた方のお金を同封します。昨夜はエレベーターの中で怖い思いをさせて申し訳ありませんでした。28*Girl*は，私の犬の名前なのです」

7　30　【本文の要約】参照。英文中に Because of it とあるから，都市部の人々があまり星を見られない要因が書かれた文の直後に挿入する。it は light pollution を指している。

　31　light pollution の内容を表す②が適当。

　32　後ろから名詞 ways を修飾し「〜するための」を表す to 不定詞。名詞 things の直後に〈to＋動詞の原形〉がある④が適当。

　33　㋐〜㋓はすべて街灯の覆いについて書かれている。光の汚染を止める方法について For example「例えば」から始まる㋑で例を挙げその後㋓→㋐→㋒の順に説明をしているから，⑤が適当。

　34　【本文の要約】参照。

【本文の要約】

夜空を見上げてごらんなさい。何が見えますか？電気のあかりができる前は，約 2,500 のさまざまな星を頻繁に見ることができました。今ではあかりが都会の空を満たしています。これは光の汚染と呼ばれます。30 そのせいで，都会の人々はたった 10 個程度しか星を見ることができません！

ほとんどの場合，あかりは我々の役に立ちます。あかりのおかげでものが見えます。あかりは植物にエネルギーを与えます。しかしあかりは常に有益なわけではありません。私達には，休むために暗闇の時間が必要です。100 年前には，そういう暗闇の時間がありました。今の夜は昼間のようです。科学者の中には，このあかりが我々の健康にどのように影響を与えるかについて心配している人もいます。こうした科学者達は光の汚染による影響について研究しています。

34①また光の汚染を止めて我々の生活をよりよいものにする方法を見出しつつある科学者もいます。

例えば，今多くの街灯には覆いがついています。その覆いはあかりを地面に向けて集めます。覆いはあかりが空を照らさないようにします。エネルギーの節約にもなります。

覆いは小さな変化ですが，とはいえよい影響があります。

8　35　過去の出来事だから，過去形の④が適当。　　36　文の前半の主語である②を指す。

　37　【本文の要約】参照。lived を言いかえた②が適当。　　38　【本文の要約】参照。

【本文の要約】

あなたは，熊が自分の兄弟はだれか知っていると思いますか？熊は人間と同じように兄弟を愛していると思いますか？

毎年夏に熊は鮭をたくさん食べます。グリズリーは水中に立ち，前足を使って川底を確認します。そして鮭がいることがわかると，足でつかまえて歯でつかみます。

38③1頭の幼いグリズリーは困っていました。猟師が母親を殺し，またその子熊の足も撃ったので，魚をとることができませんでした。何度もやってみましたが，鮭をつかまえることはできませんでした。

アラスカの釣りガイドのステーシー・コービンは，この子熊のことを心配していました－しかしそれはその子熊の姉が6匹の鮭を捕まえて弟の足元に置くのを見るまででした。他の子熊がひとりで狩りをしている一方，その姉の熊はその場にいて弟の面倒を見たのでした。「姉熊は弟熊を何週間も養いました」とコービンは話します。37姉熊のおかげで弟熊は死なずにすみました。これこそ本当の愛ではありませんか！

═══════════════ 《解答例》 ═══════════════

1　1.②　　2.⑤　　3.③　　4.⑤　　5.②

2　6.④　　7.①　　8.⑤　　9.②　　10.①

3　11.①　12.⑤　13.⑤　14.④　15.④　16.⑤　17.③　18.⑤　19.②　20.②

　　21.④　22.③　23.③　24.④　25.⑤

4　26.⑤　27.③　28.①　29.④　30.③　31.②　32.④　33.⑤　34.④　35.⑤

　　36.①　37.⑤　38.④　39.④　40.②

═══════════════ 《解　説》 ═══════════════

1　1　〈~ing＋語句〉で後ろから名詞を修飾する。　　2　「～ごとに」＝every ~

　3　and の後が現在形だから，単に過去のことを表す過去形ではなく，過去から現在まで「作ってきた」という意味の現在完了の文にする。

　4　話された言葉を別の言語に変える仕事をする人＝通訳

　5　7－3＋2＝6・be given ~「～を与えられる」

2　6　Did you tell him who that girl is and where she lives?間接疑問文は〈疑問詞＋主語＋動詞〉の語順。

　7　How long is it before you start on your trip?「旅行をし始めるまでどのくらいですか？」という文。「どのくらいの間～？」＝How long ~?　「～をし始める」＝start on ~

　8　He wasn't the kind of father to do such a thing.「～するような…」＝the kind of … to ~　「そんなこと」＝such a thing

　9　Don't be afraid of making mistakes when you…　「～を恐れる」＝be afraid of ~　be in fear of は in が（　）内にないから×。

　10　It sounds like there is someone at the door.「～のようだ」＝sounds like ~　この like は接続詞。

3　11　⑴の直後が名詞の複数形だから①が適当。most of の直後は the を伴う名詞か代名詞だから×。almost は名詞を修飾しないから×。every の直後は名詞の単数形だから×。

　12　Computers are so common today that children do not even notice that…　・so … that ~「とても…なので～」even は notice を修飾するからその直前に置く。

　13　第1段落でコンピュータが普及してきたことを述べている。（⑶）以降はその例を述べているから⑤が適当。

　14　【本文の要約】参照。・look for ~「～を探す」

　15　【本文の要約】参照。（⑸）の文の後に，インターネットで買い物ができることに関する記述がないので③と⑤は不適。前文との関係が薄いから①と②は不適。　　16　・on the Internet「インターネットで」

　17　【本文の要約】参照。　　18　【本文の要約】参照。　　19　・reading「読み物」

　20　第1段落4～5行目と一致する②が適当。　　21　第3段落に記述のある④が適当。

　22　第4段落に給料の振込みについての記述があるから③が適当。

　23　①と④はお金を使っていないから×。また②と⑤は本文中に記述がないから×。

　24　第4段落1～2行目と一致。　　25　第4段落5～6行目と一致。

　あなたは初めてコンピュータを見た時を覚えているだろうか？現代生まれる子ども達の[1]ほとんどがこういった経験をしないだろう。彼らにとってコンピュータは自然と生活の一部になっている。この子ども達はすでに家にコンピュータがあり，コンピュータを使いながら育つ。今日，コンピュータはとてもありふれているので，子ども達はコンピュータがどこにでもあることに気づくことさえない。

　[3]例えば，人々がものを買うのにどのようにコンピュータを使うか考えてみよう。あなたの両親がお金を必要とするときはいつでも，彼らはたぶんATM[4]を探すだろう。私達はふだん，ATMをコンピュータとは呼ばないが，ATMはコンピュータである。それは様々な銀行とつながっているコンピュータである。ATMを使うと銀行口座からお金を引き出すのがとても便利になる。機械のボタンを数回押すだけで，あなたも両親も買い物に行く準備が整う！

　そこでお金を持ったあなたはモールへ行く。もしあなたが1足の靴を買おうとすれば，店の従業員は再びコンピュータを使うだろう。従業員はその靴の値段を読み込む機械を使うだろう。ATMから引き出したお金を使いたくなければ，靴を買うのにクレジットカードが使える。店の従業員はカードを別の機械に通す，そしてそれもコンピュータである。この機械はクレジットカードを読み込み，あなたが靴を入手できるか否かを店に伝える。

　[5]もちろんモールへ行く時間がなければ，インターネットで靴を買うことができる！コンピュータのおかげで買い物は大変便利になった。

　コンピュータが現在の生活を便利にしたこととしてもう1つあげられることは，私達のポケットや小銭入れが軽くなったことである。コンピュータがクレジットカードや銀行のカードを読み込めるから，私達は大量の紙幣や小銭を持ち歩く必要がなくなった。[7]実はあなたの両親は給料をもらった時に職場から銀行までお金を持って行く必要すらなくなった。会社の[11]ほとんどがコンピュータを通じて従業員の給料を直接銀行口座に送る。今は誰も給料日に銀行へ行く途中で給料を落とす心配がないのだ！

　コンピュータはとてもありふれているが，たぶんあなたの両親はそれがまだありふれていなかったときのことを思い出せるだろう。彼らに尋ねれば，きっとコンピュータがない時の生活の大変さをたくさん[8]話してくれるに違いない。

4　26　(1)の前に went off があるから⑤が適当。・go off to ~「~へ向かう」

　　27　【3】で紹介された例に当てはまるものを選ぶ。・president of the bank「銀行で一番偉い人」＝「頭取」・police commissioner「警視総監」・city manager「市政担当官」　単なる警察官や公務員は女性の活躍とは言えない。　　28　・report on ~「~について報道する」

　　29　(4)の後は，彼女が運動部に参加しない理由だから④が適当。

　　30　下線部(5)の直前の文がその理由。

　　31　(6)の直前に such があるから②が適当。・such as ~「~のような」

　　32　(7)の前に冠詞(a，the など)がないから④が適当。　　33　第5～6段落をまとめたものを選ぶ。

　　34　年の前につく前置詞は in。日本語に惑わされないように注意。

　　35　・by＋年「(年)のうちに」・since＋年「(年)から(今まで)」

　　36　【本文の要約】参照。・visit＋場所「(場所)を訪れる」

　　37　下線部(12)の直前の文で友達がした行動をアメリアはしなかったことを表す。

　　38　第5段落1行目の two events が飛行機に関係していることから読み取る。

　　39　【1】の Women's Achievement の内容が【3】に書かれているから【1】→【3】の順になっている④が適当。　　40　【3】と一致。

【本文の要約】

【1】1916年に高校を卒業した後，アメリカは単身フィラデルフィアの学校へ向かった。そこで彼女は新聞や雑誌から切り抜いた記事を貼っておく帳面づくりを始めた。それには「女性の活躍」と貼り付けられていた。その中に，アメリアは新聞記事を貼り付けた。それぞれの記事は「女性初」を成し遂げた女性について報道したものだった。

【2】イアハート一家は父親が飲酒で職を失ったため何度も引っ越した。アメリアが18歳の時，家族はシカゴへ引っ越した。この時，一家は父親を置いてきた。そこのアメリアの学校には女子の運動部があった。しかし彼女は家事手伝いをしなければならなかったので，それに入らなかった。アメリアは常に元気な顔を見せ続けた。彼女の親しい友人たちでさえも，彼女の父親の飲酒や家族の貧困に気づくことはなかった。

【3】銀行の頭取や警視総監，市政担当官のようなある地位に初めて就いた女性に関する記事があった。女性がいかにして世界に重要な貢献ができるかをもっと意識するようになった。

【4】彼女が10歳くらいの頃，アメリアは祖父母，いとこ，そしてカンザスを後にしなければならなかった。彼女の父親が別の鉄道会社で新しい仕事を見つけてきたのだ。イアハート一家は電車に乗り，アイオワ州デモインへ向かった。後にアメリアと家族は何度も引っ越しをした。

---以上を【4】→【2】→【1】→【3】の順に並べかえる(39の問題)---

ついに，アメリア自身が女性初を成し遂げるのを許した2つの出来事が彼女の人生に起きた。1つ目は1903年，アメリアがまだ6歳の頃だ。それはライト兄弟が飛行機を作った時である。彼らの最初の飛行は12秒続いた—それは当時，素晴らしい活躍であった。

2つ目の出来事は第一次世界大戦である。それはヨーロッパで1914年から始まった。飛行機はその時までに改良され，戦争で使われていた。男たちはこの飛行機を操縦するために訓練を受けた。1917年のうちに，アメリカが参戦した。けがをした操縦士や兵士は回復するために故郷へ帰った。

その年のクリスマス，アメリアはカナダのトロントの学校のマリエルを訪れた。アメリアは退学し，けがをした多くの兵士の手当てをするためトロントに滞在した。アメリアは看護師の助手をした。彼女が世話をした男の中には操縦士もいた。

ある日，アメリアは女友達とその操縦士達が飛行するのを見に飛行場へ行った。

1人のパイロットが当時いつもやっていた宙返りや回転飛行をした。しかし彼は機体を下に向けた。2人の若い女性が立って見ていると，彼はその上をすれすれに飛んだ。アメリアの友人は走って逃げた。しかしアメリアは逃げなかった。

彼女はその日を振り返り「私は恐怖と歓喜が入り交じった感情を覚えています…当時は理解できませんでしたが，あの小さな赤い機体がビュンと飛んでいく時に，私に何かを言ったのです」と語った。

アメリアはその飛行機が何を言ったのかに気づくのに数年待たなければならなかった。

━━━━━━━━━━━━ 《解答例》 ━━━━━━━━━━━━

1 1. ②   2. ⑨

2 3. ③   4. ⑥

3 5. ③   6. ④   7. ②   8. ②   9. ②

4 10. ①   11. ④   12. ⑤   13. ②   14. ③

5 15. ①   16. ②   17〜19. 学校当局により問題削除

6 20. ③   21. ④   22・23. 学校当局により問題削除   24. ①   25. ⑤

7 26. ④   27. ②   28. ⑤   29. ②   30. ④

8 31. ④   32. ①   33. ③   34. ③   35. ④   36. ①

   37. ⑤   38. ①   39. ④   40. ③   41. ④   42. ④

━━━━━━━━━━━━ 《解　説》 ━━━━━━━━━━━━

1 1 ②は全て［au］の発音，2. ⑨は全て下線部を発音しない。

2 3・4 解答以外のアクセント ①under<u>sta</u>nd ②al<u>rea</u>dy ④<u>di</u>fficult ⑤ex<u>a</u>mple ⑦mu<u>si</u>cian

   ⑧o<u>pi</u>nion ⑨re<u>me</u>mber ⓪<u>thir</u>teen

3 問1 5. ・be afraid of+㉗/㉱＋ing 「〜を恐れる」

   問2 6. 〈have/has+過去分詞〉現在完了の「継続」の文。・since〜「〜から」   問3 7. ・for〜「〜の間」

   問4 8. 空欄直後の be 動詞が are だから複数の主語を選ぶ。fish は単数形，複数形どちらも fish

   問5 9. ・what to〜「何を〜すべきか」

4 問1 10. Shall I make you a cup of coffee?   問2 11. The dog was taken care of by him.

   問3 12. Which season do you like the best?

   問4 13. I asked them to bring me something to eat.   問5 14. I talked to a woman who looked kind.

5 問1 15. Can I take a message?「伝言をうけたまわりましょうか？」電話を受けたから take。（かけたなら

   Can I leave a message?）

   問2 16. How about playing tennis this afternoon?「午後にテニスをするのはどうですか？」・How about~?

   「〜はどうですか？」

6.   〔会話の要約〕

A:今日のきみはすごくうれしそうだね。

B:③もちろんよ。アメリカに住んでいる友達が本を送ってくれたの。

A:④何についての本？

B:アメリカの学校についてよ。

A:へぇ，それはいいね！

(38)

B：そうなの，すごく興味深いわ。

A：もう読み終わった？

B：いいえ，まだよ。本にはわたしの知らないことが沢山あったわ。でもすぐに読み終えるわ。

A：①その本を貸してくれないかな？

B：もちろんいいわ。でも土曜日までに返してね。

A：わかった。友達は僕らの学校のことは知っているの？

B：⑤いいえ，知らないわ。それについては次の手紙で書くつもりよ。

20　直前 A の・You look~「～に見える」に対する受け答え。　　21　直後の B の・It is about…がヒント。

24　直後に A が・please give it back to me…「返してね」と発言しているから本を借りたいという意向を告げたとわかる。　　25　Does your friend…?の質問に No, he doesn't.と回答。

7．　　　　　　　　　　　　　　　　　　　　　〔本文の要約〕

　12 歳の Yinan Wang は中国の北京に住む普通の学生だった。その頃，彼の父親が宇宙産業の会社に就職することになり彼の家族は全員ロンドンに引っ越した。「英国に行った当初は片言の英語しか話せず寂しい思いをした。誰にも話しかけられないから友達が出来なかったんだ」と Yinan Wang は当時を回想する。しかし，教師たちは彼の聡明さを見抜いていた。実際，彼は天才で特に数学と科学が得意だった。

　2 年後 Yinan Wang はオックスフォード大学で科学を学ぶこととなる。14 歳の彼は，この有名大学では非常に若い学生だったが，教授たちの目から見ても彼は問題なくやっていけると思われた。学校で特別な英語の授業を受けた Yinan は 14 歳の頃には英語が堪能となり，数学のテストにおいても常に 1 番の成績だった。

　Yinan Wang 以外にも Ruth Lawrence という少女が 13 歳にして同大学で数学を学んだ。しかしながら，彼らのような幼い 10 代の少年少女は大学で学ぶのに十分発達しているといえるか？幼過ぎては大学生活を楽しめないだろうと 17，18 歳以下の生徒を入学させない大学は多い。反面，とても賢い子どもは待つべきでない(飛び級すればよい)と考える人もいる。

　問1　26. 質問「なぜ Yinan の家族はロンドンに引っ越したか？」第1段落2行目参照。

　問2　27. 第2段落2行目参照。　　問3　28. 第3段落2～3行目参照。

　問4　29. Yinan の他に，Ruth Lawrence のことも書かれており，文の最後で飛び級についての賛否両論が書かれているので②「オックスフォード(大学で学ぶ)には若すぎるか？」が適当。

　問5　30. 第4段落3～4行目と一致。

8.
〔本文の要約〕

　人が笑うのは自然なことである。我々は生後4か月くらいで笑い始める。まだおしゃべりもできないうちから笑い出す！

　笑いは自分と他人を結び付けてくれる。人は誰かと一緒にいるときの方がよく笑う。研究によると，人は独りでいるときよりも誰かといるときの方が30倍もよく笑う傾向があるという。また，笑いは伝染する。一人が笑うと他の人まで笑い出したりする。

　笑いは正直なものだ。笑うフリをするのは難しい。今すぐに笑おうとしてみれば，その難しさに気づくだろう。笑っているフリなどしてもばれてしまうものだ。見せかけの笑い声を嫌う人が多いとの研究結果もある。

　笑いのうち，たったの10～20％がおもしろおかしいときの笑いだ。②多くの笑いは誰かと仲良くしたいという場面での笑いだ。笑うことで相手に対して「争うつもりはないよ，友達になりたいんだ」と表現できる。この手の笑いは人と人を結び付けてくれる。

　人は緊張する場面で笑うこともある。映画でも，誰もが緊張するような興奮の瞬間にはしばしばジョークがある。それは大抵他愛のないジョークだが，我々は大いに笑ってしまう。笑うことでリラックスできるのだ。

　人は時に，他人より自分が優れていると思って笑うことがある。他人を笑うときに「わたしはあなたよりマシね」と言ったりする。この種の笑いは人を(C)嫌な気持ちにさせてしまう。人は恥ずかしくて笑うときもある。

　予想もしないことが起きるのも面白いものだ。ジョークが始まるとき，我々はすでにオチを予想してしまうものだが，それが予想に反して違う終わり方をすると人々は驚き，それが笑いにつながる。

　時にはばかげたことも面白い。我々は誰かに関するジョークやミスを笑うが，それは，自分が彼らの知らないことを知っているからだ。問9我々は自分が彼らより優れていると思っているのだ。

　皆が皆，同じ笑いのセンスを持っている訳ではない。ジョークがおもしろいと思う人もいれば，(D)そうでない人もいる。何を面白いと思うかは人それぞれだ。

　年を重ねるにつれ何を面白いと思うかも変わる。幼い子どもにとってこの世界は新しい。あらゆることが彼らを驚かせる，(D)だから子どもは良く笑う。10代の若者は他人が自分をどう思っているかが常に気になってしまうので，彼らは自分を守るために笑う。大人は自分自身や，自分と似た問題を抱える人を笑う。大人は自分にストレスを与えるものを笑う。笑う理由は時間とともに変化するものなのである。

問1　31．はじめの空欄は複数の語を入れられるため確定できない。後の空欄がある1文にはthan～「～よりも」があるから比較級の文だとわかる。

問2　32．直後の1文に「一人が笑うと他の人も笑い出す」とあるので，笑いは<u>移りやすい</u>。

問3　33．・long ago「ずっと前に」，・all right「問題ない」，・right now「今すぐに」，・all around「あたり一面に」

問4　34．第3段落は「笑っているフリをするのは難しい」という内容。笑ったフリをしても，まわりの人はそれが「<u>本物ではない</u>」と知っている。

問5　35．直前の文"Only 10 to 20 ％of <u>laughter is about</u> something funny."がヒント。Most <u>laughter is about</u> being friendly with other people.の順番に並べかえる。

(40)

問6　36. there are の後なら複数名詞が，there is の後なら単数名詞が来ているか？と，moment を修飾する形容詞は exciting「興奮させる」になっているか？を確認する。（・excited moment では「興奮させられている瞬間」となり，無生物の「瞬間」が興奮するのはおかしいので間違い）

問7　37. 最初の空欄・I don't think so.「そうは思わない」，後の空欄・so「それで」

問8　38. 第10段落は下線部以下，子ども，若者，大人と年代ごとの笑いについて書かれている。

問9　39. 要約参照。　　問10　40. that 以下が直前の名詞を修飾＝関係代名詞の that。

問11　41. 笑いの性質や働き，年代ごと違う笑いの対象など笑いについていろいろと書かれているから他より④の「笑いとは何か？」が題名としてふさわしい。　　　問12　42. 第9段落の内容と一致。

=== 《解答例》 ===

1　1. ①　　2. ④

2　3. ②　　4. ④

3　5. ①　　6. ③　　7. ①

4　8. ③　　9. ⑤　　10. ②　　11. ③　　12. ③

5　13. ①　　14. ①　　15. ②

6　16. ④　　17. ①　　18. ⑦　　19. ②　　20. ⑨　　21. ⑤　　22. ⑥　　23. ③　　24. ⑧

7　25. ②　　26. ②　　27. ①　　28. ⑤　　29. ②

8　30. ③　　31. ④　　32. ①　　33. ⑤　　34. ①　　35. ⑤　　36. ②　　37. ④　　38. ①　　39. ⑤

　　40. ③　　※41. ②　　※42. ⑥　　※41 と 42 は順不同

=== 《解　説》 ===

1　問1　know[ou]と同じ発音→①only[ounli]　　問2．visited[id]と同じ発音→④needed[niːdid]

2　問1　chár-ac-ter と同じアクセント→②súd-den-ly　　問2．to-géth-er と同じアクセント→④re-mém-ber

3　問1　・between A and B「A と B の間」

　　問2　現在完了の継続用法 for~の～には期間を表すことばがくる。　　問3　・used to~「昔は～だった」

4　問1　I think this book is <u>more</u> interesting <u>than</u> that one.

　　問2　I am <u>against</u> the <u>plan</u> because we need a park.　・be against~「～に反対する」

　　問3　The actor doesn't know <u>how</u> many <u>people</u> came to his birthday party.　間接疑問の文。how の後の文の語順に注意。

　　問4　The purpose of <u>this trip</u> was <u>to</u> learn about Hiroshima's history.　不定詞の名詞的用法。　・learn about~「～について学ぶ」

　　問5　This is a picture <u>taken</u> about <u>sixty</u> years ago.　〈名詞＋過去分詞〉「～された人・物」

5　問1　・How did you like~?「～はどうでしたか」

　　問2　直後に相手が空港への具体的な行き方を答えていることから判断。

　　問3　・Can (May) I leave a message (with you)?「（あなたに）伝言を頼んでいいですか」

6　１「ｅメールは新しい種類のコミュニケーションである」→　あ．④「家で家族と，学校で友人と話をするとき，相手の顔を見て声を聞く」→い．①「これは『対面式のコミュニケーション』と呼ばれる」→う．⑦「しかしインターネットや携帯でｅメールを使うとき，相手の顔を見ず声も聞かない」→「これを『間接的なコミュニケーション』という」　２「今や多くの人がｅメールを送るために携帯やインターネットを使う」→え．②「ｅメールは簡単で速いので役立つ」→お．⑨「ｅメールは無関係の人や見ず知らずの人にも送ることができる」→か．⑤「外国に住む人ともｅメールで意思の疎通ができる」→『間接的なコミュニケーション』は世

界をより小さくしたと考えられる」　③「『間接的なコミュニケーション』は役立つが問題もある」→き. ⑥「例えば，ある学生は携帯を使い過ぎ，勉強する時間も家族と話す時間もない」→く. ③「またインターネットを悪用する人もいる」→け. ⑧「匿名で悪いことを書く」→「そのため誰がなぜそれを書いたのか知ることができない。これは大きな問題となっている」

7　問1　第1段落2〜3行目参照。

　　問2　第2段落4〜5行目参照。Melissa を加えた7人であることに注意。　　問3　第3段落2行目参照。

　　問4　第3段落3〜5行目参照。　　問5　④第2段落最後の文と一致。

8　問1　A．in English「英語で」　B．with your finger「あなたの指で」drank tea with honey「はちみつ入りのお茶を飲んだ」

　　問2　条件を表す If〜「もし〜ならば」の後の文は現在形となることに注意。④の they は gestures を指す。「もしジェスチャーが注意深く用いられないならば，誤解が起こるかもしれない」

　　問3　「顔の前で手をふること」　・in front of〜「〜の前で」

　　問4　(3)は不定詞の副詞的用法，目的「〜するために」を表す。①，②不定詞の名詞的用法，③不定詞の形容詞的用法，④不定詞の副詞的用法，感情の原因「〜して」を表す。

　　問5　hurt は自動詞「痛む」の意味で過去，過去分詞とも hurt。my throat really hurt「本当にのどが痛かった」

　　問6　・make A B「A を B(の状態)にする」　　問7　・tell＋(人)＋ to〜＝「(人)に〜するよう言う」

　　問8　手を振る動作は，北米では相手を拒否する，無礼で時には<u>危険な</u>ジェスチャー。

　　問9　文化が違えばジェスチャーの意味も変わる。　　問10　⑤接続詞 when の文が適切。

　　問11　it は仮主語，真主語は to try to learn its spoken and unspoken language

　　問12　②最後の段落と一致。　　　　⑥最初と最後の段落と一致。

■ ご使用にあたってのお願い・ご注意

（1）問題文等の非掲載

著作権上の都合により，問題文や図表などの一部を掲載できない場合があります。

誠に申し訳ございませんが，ご了承くださいますようお願いいたします。

（2）過去問における時事性

過去問題集は，学習指導要領の改訂や社会状況の変化，新たな発見などにより，現在とは異なる表記や解説になっている場合があります。過去問の特性上，出題当時のままで出版していますので，あらかじめご了承ください。

（3）配点

学校等から配点が公表されている場合は，記載しています。公表されていない場合は，記載していません。

独自の予想配点は，出題者の意図と異なる場合があり，お客様が学習するうえで誤った判断をしてしまう恐れがあるため記載していません。

（4）無断複製等の禁止

購入された個人のお客様が，ご家庭でご自身またはご家族の学習のためにコピーをすることは可能ですが，それ以外の目的でコピー，スキャン，転載（ブログ，ＳＮＳなどでの公開を含みます）などをすることは法律により禁止されています。学校や学習塾などで，児童生徒のためにコピーをして使用することも法律により禁止されています。

ご不明な点や，違法な疑いのある行為を確認された場合は，弊社までご連絡ください。

（5）けがに注意

この問題集は針を外して使用します。針を外すときは，けがをしないように注意してください。また，表紙カバーや問題用紙の端で手指を傷つけないように十分注意してください。

（6）正誤

制作には万全を期しておりますが，万が一誤りなどがございましたら，弊社までご連絡ください。

なお，誤りが判明した場合は，弊社ウェブサイトの「ご購入者様のページ」に掲載しておりますので，そちらもご確認ください。

■ お問い合わせ

解答例，解説，印刷，製本など，問題集発行におけるすべての責任は弊社にあります。

ご不明な点がございましたら，弊社ウェブサイトの「お問い合わせ」フォームよりご連絡ください。迅速に対応いたしますが，営業日の都合で回答に数日を要する場合があります。

ご入力いただいたメールアドレス宛に自動返信メールをお送りしています。自動返信メールが届かない場合は，「よくある質問」の「メールの問い合わせに対し返信がありません。」の項目をご確認ください。

また弊社営業日（平日）は，午前９時から午後５時まで，電話でのお問い合わせも受け付けています。

2025 春

株式会社教英出版

〒422-8054　静岡県静岡市駿河区南安倍３丁目 12-28

TEL　054-288-2131　　FAX　054-288-2133

URL　https://kyoei-syuppan.net/

MAIL　siteform@kyoei-syuppan.net

教英出版 2025　24 の 1　名城大学附属高７年分

第1時限　　数　学　（40分）

―――――――――――――― 注　　意 ――――――――――――――

1　この試験は全問マークシート方式です。次の説明文を読み、間違いのないように記入しなさい。

　①　解答用紙にマークをするには、ＨＢの黒鉛筆を使用しなさい。

　②　監督者の指示で、解答用紙の氏名欄に漢字で名前を書き、フリガナをカタカナでつけなさい。

　③　次に、受験番号を記入し、その下の欄に、右の例にならって正確にマークしなさい。

　④　「開始」の指示で、解答を始めなさい。

　⑤　問題用紙は1ページから4ページまであります。

　⑥　問題は1から5まであります。解答記入欄を間違えないように、例にならって正確にマークしなさい。

⑦　数学解答上の注意

　　数学については、問題文中の　ア　、　イ　などの　□　には、特に指示のない限り、数値または符号（−）が入ります。これらを次の方法で解答記入欄にマークしなさい。

　　(1) ア・イ・ウ………の一つ一つは、それぞれ0から9までの数字または（−）のいずれか一つに対応します。それらをア・イ・ウ…で示された解答記入欄にマークします。

　　　(例)　ア　イ　に「−4」と答えるとき

ア	●	⓪	①	②	③	④	⑤	⑥	⑦	⑧	⑨
イ	⊖	⓪	①	②	③	●	⑤	⑥	⑦	⑧	⑨

　　(2) 分数や無理数の形で解答が求められているときは、最も簡単な形で答えなさい。（−）の符号は分子につけ、分母につけてはいけません。

　　　(例)　$\dfrac{ウ\ エ}{オ}$　に「$-\dfrac{8}{5}$」と答えるとき

ウ	●	⓪	①	②	③	④	⑤	⑥	⑦	⑧	⑨
エ	⊖	⓪	①	②	③	④	⑤	⑥	⑦	●	⑨
オ	⊖	⓪	①	②	③	④	●	⑥	⑦	⑧	⑨

　　(3) 定規、分度器、コンパスは使用できません。

　⑧　訂正するときは、プラスチック製消しゴムでていねいに消し、消しくずをシート上に残さないこと。

　⑨　所定の記入欄以外には、何も記入しないこと。

　⑩　解答用紙を汚したり折り曲げたりしないこと。

　　　解答用紙が汚れていたり、折り目があったりしたときは、試験の監督者に申し出なさい。

2　問題の内容についての質問には応じません。

　　印刷の文字が不鮮明なときは、静かに手をあげ、試験の監督者に聞きなさい。

3　答案を書き終わった人は、解答用紙を裏返しにして置きなさい。

4　「終了」の指示で、書くことをやめ、解答用紙と問題用紙を別々にして机の上に置きなさい。

（問題用紙は持ち帰ってください。）

―――――――――――――― 例 ――――――――――――――

氏名欄の記入例

フリガナ	メイジョウ　タロウ
氏　名	名城　太郎

受験番号の記入例
「10310」
　の場合⇨

受験番号				
1	0	3	1	0
●	⓪	⓪	●	●
●	①	①	●	①
②	②	②	②	②
③	③	●	③	③
④	④	④	④	④
⑤	⑤	⑤	⑤	⑤
⑥	⑥	⑥	⑥	⑥
⑦	⑦	⑦	⑦	⑦
⑧	⑧	⑧	⑧	⑧
⑨	⑨	⑨	⑨	⑨

マーク記入の例⇨

良い例	●
悪い例	⊘
	⊙
	◖

〈 計 算 用 紙 〉

2018(H30) 名城大学附属高

Ⓚ教英出版

1 次の問いに答えなさい。

(1) $\dfrac{2}{3} \times (-3)^2 + 0.75 \times (-2)^3 = \boxed{\text{ア}}$ である。

(2) $\left(\sqrt{6} + \sqrt{3}\right)^2 \div \left(\sqrt{7} + 1\right) \times \dfrac{1}{\sqrt{7} - 1} = \dfrac{\boxed{\text{イ}} + \boxed{\text{ウ}}\sqrt{\boxed{\text{エ}}}}{\boxed{\text{オ}}}$ である。

(3) $x + y - \dfrac{y + z}{2} - \dfrac{z + x}{3} = \dfrac{\boxed{\text{カ}}\,x + \boxed{\text{キ}}\,y - \boxed{\text{ク}}\,z}{6}$ である。

(4) $x = 2018$ のとき，$x^2 - 16x - 36$ の値は $\boxed{\text{ケ}}$ 桁であり，その各位の数の和は $\boxed{\text{コ}}$ である。

(5) $\dfrac{144}{n}$ の値が自然数となるような自然数 n の個数は，$\boxed{\text{サ}}\ \boxed{\text{シ}}$ 個である。

(6) 下の図において，$\ell \parallel m$ のとき，$\angle x = \boxed{\text{ス}}\ \boxed{\text{セ}}^\circ$ である。

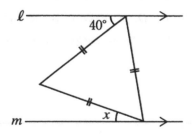

(7) 下の図において，△ABC が円 O に接している。AB は円 O の直径で，D は円 O の周上の点である。円 O の半径が 8 cm のとき，AC の長さは $\boxed{\text{ソ}}\sqrt{\boxed{\text{タ}}}$ cm である。

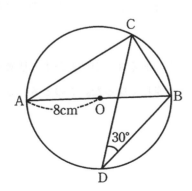

2 ある正の整数 a で 79 を割ると 7 余り，104 を割ると 8 余る。

このような正の整数 a のうちで，もっとも大きい整数は $\boxed{\text{ア}}\ \boxed{\text{イ}}$ である。

3 ある20人のグループの3ヵ月間で読んだ本の冊数を調査しました。

このグループの中の5人 A，B，C，D，E が読んだ本の冊数は下の表のようになりました。

5人 A，B，C，D，E が読んだ本の冊数の平均値は 9（冊），20人のグループ全体が読んだ本の冊数の平均値は 12（冊）でした。

このとき，次の問いに答えなさい。

名前	A	B	C	D	E
読んだ本の冊数（冊）	$-2x+12$	8	$2x^2$	$-5x+21$	$-x^2+16$

(1) 5人 A，B，C，D，E 以外の15人が読んだ本の冊数の平均値は $\boxed{\text{ア}}\ \boxed{\text{イ}}$ （冊）である。

(2) 5人 A，B，C，D，E のうちのある3人が読んだ本の冊数の平均値は20人のグループ全体が読んだ本の冊数の平均値と等しくなった。このとき，5人 A，B，C，D，E の中央値は $\boxed{\text{ウ}}$ （冊）である。

第4時限　　**英　語**　（40分）

──────────────── 注　　　意 ────────────────

1　この試験は全問マークシート方式です。次の説明文を読み、間違いのないように記入しなさい。

①　解答用紙にマークをするには、ＨＢの黒鉛筆を使用しなさい。

②　監督者の指示で、解答用紙の氏名欄に漢字で名前を書き、フリガナをカタカナでつけなさい。

③　次に、受験番号を記入し、その下の欄に、右の例にならって正確にマークしなさい。

④　「開始」の指示で、解答を始めなさい。

⑤　問題用紙は1ページから14ページまであります。

⑥　問題は1から8まであります。

　　解答番号は $\boxed{1}$ から $\boxed{38}$ まであります。解答記入欄を間違えないように、例にならって正確にマークしなさい。

⑦　訂正するときは、プラスチック製消しゴムでていねいに消し、消しくずをシート上に残さないこと。

⑧　所定の記入欄以外には、何も記入しないこと。

⑨　解答用紙を汚したり折り曲げたりしないこと。

　　解答用紙が汚れていたり、折り目があったりしたときは、試験の監督者に申し出なさい。

2　問題の内容についての質問には応じません。

　　印刷の文字が不鮮明なときは、静かに手をあげ、試験の監督者に聞きなさい。

3　答案を書き終わった人は、解答用紙を裏返しにして置きなさい。

4　「終了」の指示で、書くことをやめ、解答用紙と問題用紙を別々にして机の上に置きなさい。

（問題用紙は持ち帰ってください。）

── **例** ──

氏名欄の記入例

フリガナ	メイジョウ　タロウ
氏　名	名城　太郎

受験番号の記入例
「10310」
　の場合⇨

受験番号				
1	0	3	1	0
●	⓪	⓪	●	●
●	①	①	●	①
②	②	②	②	②
③	③	●	③	③
	④	④	④	④
	⑤	⑤	⑤	⑤
	⑥	⑥	⑥	⑥
	⑦	⑦	⑦	⑦
	⑧	⑧	⑧	⑧
	⑨	⑨	⑨	⑨

マーク記入の例⇨

良い例	●
悪い例	⊘
	⊙
	◑

1　次の各語の組み合わせについて、下線部の発音がすべて同じものはどれですか。①～⓪の中から、適当なものを二つ選び、その番号をマークしなさい。ただし、解答は①～⓪の順にマークしなさい。

解答番号は　1　　2　です。

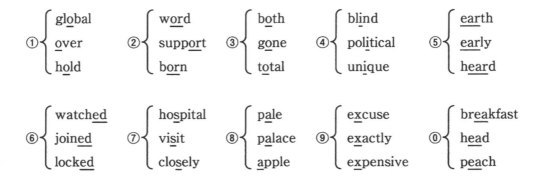

1 { global / over / hold }　② { word / support / born }　③ { both / gone / total }　④ { blind / political / unique }　⑤ { earth / early / heard }

⑥ { watched / joined / locked }　⑦ { hospital / visit / closely }　⑧ { pale / palace / apple }　⑨ { excuse / exactly / expensive }　⓪ { breakfast / head / peach }

2　次の各語について、下線部を最も強く読むものはどれですか。①～⓪の中から、適当なものを二つ選び、その番号をマークしなさい。ただし、解答は①～⓪の順にマークしなさい。

解答番号は　3　　4　です。

① photograph　② arrest　③ vacation　④ chocolate
⑤ habitat　⑥ favorite　⑦ beautiful　⑧ horizon
⑨ incredibly　⓪ journalist

3 次の各問いの英文について、（　）に入る語（句）はどれですか。①〜⑤の中から、最も適当なものを選び、それぞれその番号をマークしなさい。

問1　This is the most interesting novel I （　） read.
　　解答番号は ┌ 5 ┐ です。

　　① never　　　　　② have never　　　③ ever
　　④ have ever　　　⑤ have been

問2　The Ocean Star is （　） all the department stores in this city.
　　解答番号は ┌ 6 ┐ です。

　　① more popular of　　② more popular　　　③ popular
　　④ the most popular of　⑤ as more popular as

問3　These are the pictures （　） in Canada.
　　解答番号は ┌ 7 ┐ です。

　　① I taken　　　　② I took　　　　　③ I took them
　　④ taken them　　⑤ taking them

問4　Dr. Robinson turned on the TV （　） the news.
　　解答番号は ┌ 8 ┐ です。

　　① watch　　　　　② to watch　　　③ watched
　　④ have watched　　⑤ watches

問5　James was （　） on the same day as his grandfather. His family always has a big birthday party for the two of them.
　　解答番号は ┌ 9 ┐ です。

　　① born　　② paid　　③ held　　④ grown　　⑤ shown

4 次の各問いの三つの英文について、（　　）内に共通して入る語はどれですか。下の枠の①～
⑤の中から、最も適当なものを選び、それぞれその番号をマークしなさい。ただし、各番号は
一度しか使えないものとします。

問1　If it gets out （　　） control, we don't know what to do.

　　　His grandmother took care （　　） him.

　　　I'm proud （　　） you, Dad.

　　　解答番号は ☐10☐ です。

問2　It is necessary for us to prepare （　　） disasters.

　　　He played （　　） some teams in the United States.

　　　I mistook the shampoo （　　） the conditioner last night.

　　　解答番号は ☐11☐ です。

問3　Both students （　　） teachers danced in the cafeteria.

　　　The girl's voice became weaker （　　） weaker.

　　　There are beautiful rooms, a great kitchen, a simple tearoom, （　　） so on.

　　　解答番号は ☐12☐ です。

① and	② for	③ or	④ in	⑤ of

5 次の各問いの日本文に合うように語（句）を並べかえた場合、（　　）内での順番が【　　】に指定されたものの組み合わせとして正しいものはどれですか。①～⑤の中から、最も適当なものを選び、それぞれその番号をマークしなさい。ただし、文頭になるものも小文字で記してあります。

（例）　郵便局の行き方を教えてくれませんか。【3番目と5番目】

Could (me / you / the way / post office / tell / to the)?

→ Could (you tell me the way to the post office)?

　　　　　3番目：me ／ 5番目：to the

問1　彼は犬と遊ぶ時間がありません。【2番目と4番目】
　　解答番号は　13　です。

He (have / to / doesn't / time / his dog / with / play).

①　2番目：have　　　／ 4番目：play
②　2番目：have　　　／ 4番目：with
③　2番目：have　　　／ 4番目：to
④　2番目：play　　　／ 4番目：to
⑤　2番目：play　　　／ 4番目：his dog

問2　あなたは何回カナダへ行きましたか。【3番目と5番目】
　　解答番号は　14　です。

(have / you / how / been / many / times / to / Canada)?

①　3番目：have　　　／ 5番目：to
②　3番目：times　　　／ 5番目：have
③　3番目：you　　　／ 5番目：to
④　3番目：times　　　／ 5番目：Canada
⑤　3番目：times　　　／ 5番目：you

問3　彼はすぐに馬に乗れるようになるでしょう。【2番目と5番目】

　　解答番号は　15　です。

He（ a / be / horse / to / will / able / ride ）soon.

① 2番目：ride　　　　　／ 5番目：be

② 2番目：ride　　　　　／ 5番目：to

③ 2番目：be　　　　　／ 5番目：ride

④ 2番目：be　　　　　／ 5番目：a

⑤ 2番目：be　　　　　／ 5番目：horse

問4　あなたはチームメイトと仲良くやっていく必要があります。【3番目と5番目】

　　解答番号は　16　です。

（ you / along / to / teammates / need / with / your / get ）.

① 3番目：your　　　　／ 5番目：to

② 3番目：your　　　　／ 5番目：with

③ 3番目：to　　　　　／ 5番目：with

④ 3番目：to　　　　　／ 5番目：along

⑤ 3番目：your　　　　／ 5番目：along

6 次の対話文の （ Ａ ） ～ （ Ｄ ） に入る表現はどれですか。①～⑥の中から、最も適当なものを選び、それぞれその番号をマークしなさい。ただし、各番号は一度しか使えないものとします。

（ Ａ ） の解答番号は ☐17☐ です。
（ Ｂ ） の解答番号は ☐18☐ です。
（ Ｃ ） の解答番号は ☐19☐ です。
（ Ｄ ） の解答番号は ☐20☐ です。

Miku　　　　: Hello, Mrs. Green? This is Miku from Japan speaking.

Mrs. Green : （ Ａ ）

Miku　　　　: I'm in Boston and I'm wondering *if I could come tomorrow.

Mrs. Green : （ Ｂ ）

Miku　　　　: I'll arrive at San Francisco International Airport around 9 a.m.

Mrs. Green : That'll be just fine with us. Shall I *pick you up?

Miku　　　: （ Ｃ ）

Mrs. Green : How about outside the *customs?

Miku　　　　: Outside the customs? Fine. Is it OK to stay with you for a few nights?

Mrs. Green : （ Ｄ ）

Miku　　　　: Wonderful! See you in San Francisco.

Mrs. Green : Take care. See you tomorrow.

---

*if：～かどうか　　*pick ～ up：～を迎えにいく　　*customs：税関

---

① Of course! We're looking forward to having you.

② Oh, Miku! Welcome to the United States! Where are you now?

③ Thank you for picking me up.

④ That sounds great! Where shall I wait for you?

⑤ How long are you going to stay?

⑥ Please do! When will you be coming?

7　英文を読み、あとの問いに答えなさい。

Many years （　1　）, there were three wonderful elephants at the Ueno Zoo. The elephants were John, Tonky, and Wanly. They could do *tricks. *Visitors to the zoo loved to see their tricks.

Japan was at *war then. *Little by little the *situation was getting *worse. Bombs *were dropped on Tokyo every day.

"（　2　）, dangerous animals will *get away and *harm people," said the Army. So it *ordered the zoo to kill all the dangerous animals such as lions, tigers, and bears.

Soon, it was time to kill the three elephants. The zookeepers did not want to kill them, but they *had to follow (3) the order. They started with John.

John loved potatoes, so they gave him *poisoned potatoes together with good ones. But John was so *clever that he ate only the good potatoes. Then they tried to give him an *injection. But John's *skin was too *hard for the *needles to go through.

（　4　）, they decided to stop giving him any food. Poor John died in seventeen days.

Then the time came for Tonky and Wanly. They always looked at people with loving eyes. They were sweet and *gentle-hearted.

（　5　）, the elephant *keepers had to stop giving them anything to eat. When a keeper walked by their *cage, they stood up and *raised their *trunks in the air. They did their tricks （　6　）.

Everyone at the zoo said with tears, "If they can live a little longer, the war may end and they will be saved."

Tonky and Wanly could （　7　） move. They *lay down on the ground, but their eyes were still beautiful.

When an elephant keeper came to see them, they looked so weak. (8) <u>He became too sad to see them again</u>.

Bombs continued falling on Tokyo. And a few days later, Tonky and Wanly died. When the elephants' bodies *were examined, nothing was found in their *stomachs – not even *one drop of water.

Today, the three elephants rest in peace with other animals under the *monument at the Ueno Zoo.

　　　　　　　　　　　　　　　　　　　　　　　　　　（*Sunshine English Course* より）

解答記入欄

⓪ ① ② ③ ④ ⑤ ⑥ ⑦ ⑧ ⑨
⓪ ① ② ③ ④ ⑤ ⑥ ⑦ ⑧ ⑨

解答記入欄

⓪ ① ② ③ ④ ⑤ ⑥ ⑦ ⑧ ⑨
⓪ ① ② ③ ④ ⑤ ⑥ ⑦ ⑧ ⑨
⓪ ① ② ③ ④ ⑤ ⑥ ⑦ ⑧ ⑨

解答記入欄

⓪ ① ② ③ ④ ⑤ ⑥ ⑦ ⑧ ⑨
⓪ ① ② ③ ④ ⑤ ⑥ ⑦ ⑧ ⑨
⓪ ① ② ③ ④ ⑤ ⑥ ⑦ ⑧ ⑨
⓪ ① ② ③ ④ ⑤ ⑥ ⑦ ⑧ ⑨
⓪ ① ② ③ ④ ⑤ ⑥ ⑦ ⑧ ⑨
⓪ ① ② ③ ④ ⑤ ⑥ ⑦ ⑧ ⑨
⓪ ① ② ③ ④ ⑤ ⑥ ⑦ ⑧ ⑨
⓪ ① ② ③ ④ ⑤ ⑥ ⑦ ⑧ ⑨
⓪ ① ② ③ ④ ⑤ ⑥ ⑦ ⑧ ⑨

5		解答記入欄
(1)		① ② ③ ④
(2)	ア	− ⓪ ① ② ③ ④ ⑤ ⑥ ⑦ ⑧ ⑨
	イ	− ⓪ ① ② ③ ④ ⑤ ⑥ ⑦ ⑧ ⑨

名城大学附属高等学校

記入方法

1. 記入は、必ずＨＢの黒鉛筆で、〇の中を正確に、ぬりつぶしてください。
2. 訂正は、プラスチック製消しゴムできれいに消してください。
3. 受験番号は、数字を記入してから間違いのないようにマークしてください。
4. 解答用紙を、折り曲げたり、汚したりしないでください。

良い例	●
悪い例	∅ ⊙ ◑

解 答 記 入 欄			
②	③	④	⑤
②	③	④	⑤
②	③	④	⑤
②	③	④	⑤

解 答 記 入 欄				
②	③	④	⑤	⑥
②	③	④	⑤	⑥
②	③	④	⑤	⑥
②	③	④	⑤	⑥

解 答 記 入 欄			
②	③	④	⑤
②	③	④	⑤
②	③	④	⑤
②	③	④	⑤
②	③	④	⑤

7		解 答 記 入 欄				
問6	26	①	②	③	④	⑤
問7	27	①	②	③	④	⑤
問8	28	①	②	③	④	⑤
問9	29	①	②	③	④	⑤
問10	30	①	②	③	④	⑤

8		解 答 記 入 欄				
問1	31	①	②	③	④	⑤
	32	①	②	③	④	⑤
	33	①	②	③	④	⑤
	34	①	②	③	④	⑤
	35	①	②	③	④	⑤
問2	36	①	②	③	④	⑤
問3	37	①	②	③	④	⑤
	38	①	②	③	④	⑤

名城大学附属高等学校

平成30年度　**英　語　解　答　用　紙**　（配点非公

受 験 番 号

⓪	⓪	⓪	⓪
①	①	①	①
②	②	②	②
③	③	③	③
④	④	④	④
⑤	⑤	⑤	⑤
⑥	⑥	⑥	⑥
⑦	⑦	⑦	⑦
⑧	⑧	⑧	⑧
⑨	⑨	⑨	⑨

フリガナ

氏　名

1		解 答 記 入 欄
	1	① ② ③ ④ ⑤ ⑥ ⑦ ⑧ ⑨ ⓪
	2	① ② ③ ④ ⑤ ⑥ ⑦ ⑧ ⑨ ⓪
2		解 答 記 入 欄
	3	① ② ③ ④ ⑤ ⑥ ⑦ ⑧ ⑨ ⓪
	4	① ② ③ ④ ⑤ ⑥ ⑦ ⑧ ⑨ ⓪
3		解 答 記 入 欄
問1	5	① ② ③ ④ ⑤
問2	6	① ② ③ ④ ⑤
問3	7	① ② ③ ④ ⑤
問4	8	① ② ③ ④ ⑤
問5	9	① ② ③ ④ ⑤
4		解 答 記 入 欄
問1	10	① ② ③ ④ ⑤
問2	11	① ② ③ ④ ⑤
問3	12	① ② ③ ④ ⑤

5	
問1	
問2	
問3	
問4	
6	
7	
問1	
問2	
問3	
問4	
問5	

平成30年度 **数 学 解 答 用 紙** （配点非公

受 験 番 号

フリガナ	
氏 名	

1		解 答 記 入 欄
(1)	ア	⊖ ⓪ ① ② ③ ④ ⑤ ⑥ ⑦ ⑧ ⑨
(2)	イ	⊖ ⓪ ① ② ③ ④ ⑤ ⑥ ⑦ ⑧ ⑨
	ウ	⊖ ⓪ ① ② ③ ④ ⑤ ⑥ ⑦ ⑧ ⑨
	エ	⊖ ⓪ ① ② ③ ④ ⑤ ⑥ ⑦ ⑧ ⑨
	オ	⊖ ⓪ ① ② ③ ④ ⑤ ⑥ ⑦ ⑧ ⑨
(3)	カ	⊖ ⓪ ① ② ③ ④ ⑤ ⑥ ⑦ ⑧ ⑨
	キ	⊖ ⓪ ① ② ③ ④ ⑤ ⑥ ⑦ ⑧ ⑨
	ク	⊖ ⓪ ① ② ③ ④ ⑤ ⑥ ⑦ ⑧ ⑨
(4)	ケ	⊖ ⓪ ① ② ③ ④ ⑤ ⑥ ⑦ ⑧ ⑨
	コ	⊖ ⓪ ① ② ③ ④ ⑤ ⑥ ⑦ ⑧ ⑨
(5)	サ	⊖ ⓪ ① ② ③ ④ ⑤ ⑥ ⑦ ⑧ ⑨
	シ	⊖ ⓪ ① ② ③ ④ ⑤ ⑥ ⑦ ⑧ ⑨
(6)	ス	⊖ ⓪ ① ② ③ ④ ⑤ ⑥ ⑦ ⑧ ⑨
	セ	⊖ ⓪ ① ② ③ ④ ⑤ ⑥ ⑦ ⑧ ⑨
(7)	ソ	⊖ ⓪ ① ② ③ ④ ⑤ ⑥ ⑦ ⑧ ⑨
	タ	⊖ ⓪ ① ② ③ ④ ⑤ ⑥ ⑦ ⑧ ⑨

(1)
(2)
(1)
(2)
(3)

問1　（　1　）に入る語として正しいものはどれですか。①〜⑤の中から、最も適当なものを選び、その番号をマークしなさい。

解答番号は　21　です。

① by　　　　② ago　　　　③ old　　　　④ on　　　　⑤ later

問2　（　2　）に入る表現として正しいものはどれですか。①〜⑤の中から、最も適当なものを選び、その番号をマークしなさい。

解答番号は　22　です。

① If bombs hit the zoo
② If bombs are hit the zoo
③ If the visitors see their tricks
④ If the visitors do tricks
⑤ If the zoo hits the bomb

問3　下線部(3) the order (その命令) を具体的に説明するものはどれですか。①〜⑤の中から、最も適当なものを選び、その番号をマークしなさい。

解答番号は 23 です。

① 全ての危険な動物を戦争の被害に合わせないこと
② 三頭の象に芸当を教えること
③ 全ての危険な動物を殺すこと
④ 三頭の象の看病をすること
⑤ 全ての危険な動物に給餌すること

問4　(4) に入る語として正しいものはどれですか。①〜⑤の中から、最も適当なものを選び、その番号をマークしなさい。

解答番号は 24 です。

①　Usually　②　Precisely　③　Originally　④　Exactly　⑤　Finally

問5　(5) に入る語として正しいものはどれですか。①〜⑤の中から、最も適当なものを選び、その番号をマークしなさい。

解答番号は 25 です。

①　However　　　　　②　First　　　　　③　Today
④　Always　　　　　⑤　Once

問6　(6) に入る表現として正しいものはどれですか。①〜⑤の中から、最も適当なものを選び、その番号をマークしなさい。

解答番号は 26 です。

①　because they will hope to get food and water
②　because they hope to get food and water
③　because they are hoping to get food and water
④　because they were hoping to get food and water
⑤　because they are hoped to get food and water

問7　（　7　）に入る語（句）として正しいものはどれですか。①〜⑤の中から、最も適当な
　　　ものを選び、その番号をマークしなさい。

　　　解答番号は　27　です。

　　　①　just　　　　　　　　②　soon　　　　　　　　③　look like

　　　④　not only　　　　　　⑤　no longer

問8　下線部（8）とほぼ同じ意味になる英文はどれですか。①〜⑤の中から、最も適当なも
　　　のを選び、その番号をマークしなさい。

　　　解答番号は　28　です。

　　　①　He didn't become so sad that he could see them again.

　　　②　He didn't become so sad that he couldn't see them again.

　　　③　He became very sad, so he could see them again.

　　　④　He became so sad that he couldn't see them again.

　　　⑤　He became so sad that he could see them again.

問9　本文の内容と一致するように、次の英文の（　　　）に入る表現として正しいものはどれ
　　　ですか。①〜⑤の中から、最も適当なものを選び、その番号をマークしなさい。

　　　解答番号は　29　です。

The zookeepers gave John some poisoned potatoes, (　　　).

　　　①　and those potatoes killed him

　　　②　because they wanted to save him

　　　③　because he was so hungry

　　　④　but clever John ate only the good ones

　　　⑤　but poor John couldn't move anymore

問10　本文の内容と一致するものはどれですか。①〜⑤の中から、最も適当なものを選び、その番号をマークしなさい。

解答番号は　30　です。

① During the war, some dangerous animals got away from the zoo.

② The zookeepers didn't want to save the three elephants, but they did.

③ Bombs killed the two elephants.

④ There was water in the stomachs of the two elephants when they were examined.

⑤ John lived without food for more than two weeks.

8 英文を読み、あとの問いに答えなさい。

Thousands of people came to *Olympia for the first *Olympic Games. They came from lots of different towns in *Greece.

At first (1). Later there were *jumping competitions, *boxing competitions, and also *horse racing. The Games were fun. People sold food, drinks, and flowers. There were singers and dancers, too.

Only men played in the Games. In today's Olympics, *athletes wear shorts and shirts, but in the first games, the athletes didn't wear anything. (2)!

In Greece, at that time, there was a lot of fighting. But the Games started and *everybody stopped fighting for a month. They went to the Games. Then the Games finished and people started fighting again.

(3) for a thousand years. They stopped around *400 AD and didn't start again for almost 1,500 years.

Today there are two Olympic Games: the Summer Olympics and the Winter Olympics.

The *modern Olympic Games aren't always in Greece. (4).

Thousands of athletes – men *and* women – come to the modern Olympics. They come from over two hundred different countries in the world. They all want to win *medals for their countries: a gold medal is for first, a silver medal is for second, and a *bronze medal is for third.

In Olympia, a short time before the Olympic Games, eleven women *light the *flame on the Olympic *torch. Then (5). This *can be a long run. Sometimes the Olympic torch needs to go on a *ship or a plane. In 2008 over twenty thousand athletes took the torch from Olympia to *Beijing, China.

After many days or weeks, the last athlete arrives and lights the big flame in the Olympic stadium. Now the Games can start!

(*Amazing Young Sports People* より)

*Olympia：オリンピア	*Olympic：国際オリンピック競技の		*Greece：ギリシャ
*jumping competitions：跳躍競技	*boxing competitions：ボクシング競技		
*horse racing：競馬	*athletes：スポーツ選手	*everybody：みんな	
*400 AD：西暦400年	*modern：現代の	*medals：メダル	*bronze：青銅の
*light：に火をつける	*flame：炎	*torch：たいまつ	*can：こともありうる
*ship：船	*Beijing：北京		

問1　（ 1 ）～（ 5 ）に入る表現はどれですか。①～⑤の中から、最も適当なものを選び、
　　　それぞれその番号をマークしなさい。ただし、各番号は一度しか使えないものとします。
　　　また、文頭になるものも小文字で記してあります。

　　　（ 1 ）の解答番号は　31　です。
　　　（ 2 ）の解答番号は　32　です。
　　　（ 3 ）の解答番号は　33　です。
　　　（ 4 ）の解答番号は　34　です。
　　　（ 5 ）の解答番号は　35　です。

　　① there weren't any women watching the Games
　　② there were only short running races
　　③ athletes take the torch from Olympia in Greece to the Olympic stadium
　　④ they're in a different country each time
　　⑤ there were Games at Olympia every four years

問2　本文の内容と一致するように、次の英文の（　　）に入る数字として正しいものはどれ
　　　ですか。①～⑤の中から、最も適当なものを選び、その番号をマークしなさい。
　　　解答番号は　36　です。

　　　More than（　　）athletes carried the Olympic torch from Olympia to Beijing.

　　① 200　　　　② 400　　　　③ 2,000　　　　④ 12,000　　　　⑤ 20,000

問3　本文の内容と一致するものはどれですか。①～⑤の中から、適当なものを二つ選び、その番号をマークしなさい。ただし、解答は①～⑤の順にマークしなさい。

解答番号は　37　　38　です。

①　There were swimming competitions in the first Olympic Games.

②　In the first Olympics there were no women athletes.

③　The first Olympic Games started and fighting stopped in Greece for a month.

④　Eleven men in Olympia light the flame on the Olympic torch.

⑤　Nobody has brought the Olympic torch by ship.

K 教英出版

4 関数 $y = ax^2$ $(a > 0)$ …①のグラフと傾きが $-\dfrac{1}{2}$ の直線 ℓ が異なる2点A,Bで交わっており,2点A,Bの x 座標はそれぞれ -2,1である。

また,直線 ℓ に平行な直線 m が①のグラフと異なる2点C,Dで交わっており,△ABCの面積が△OABの面積の9倍となっている。ただし,原点をOとし,点Cの x 座標は -2 より小さいものとします。このとき,次の問いに答えなさい。

(1) $a = \dfrac{\boxed{\text{ア}}}{\boxed{\text{イ}}}$ である。

(2) 直線 m の式は,$y = \dfrac{\boxed{\text{ウ}}\ \boxed{\text{エ}}}{\boxed{\text{オ}}} x + \boxed{\text{カ}}\ \boxed{\text{キ}}$ である。

(3) 1個のさいころを2回続けて投げる。

1回目に出た目の数を a,2回目に出た目の数を b とするとき,点 $(a,\ b)$ が△OADの周上または内部にある確率は $\dfrac{\boxed{\text{ク}}}{\boxed{\text{ケ}}}$ である。

5 ∠AOB = 90°の直角二等辺三角形 OAB の折り紙を次の手順で折る。(図1)

〔手順1〕 頂点 A と頂点 B を合わせるように半分に折る。

このとき，折り返して新しくできた点を C とする。(図2)

〔手順2〕 辺 CB が辺 OB と重なるように折る。

このとき，折り返して新しくできた点を D とする。(図3)

(図1)

(図2)

(図3)

このとき，次の問いに答えなさい。

(1) 折り紙を開いたときにできた折り目として正しいものを①から④の中から1つ選びなさい。

ただし，破線は折り目とします。

①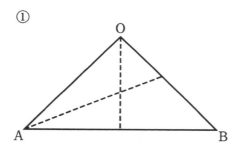

②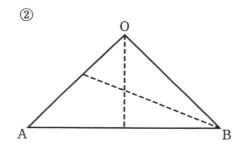

③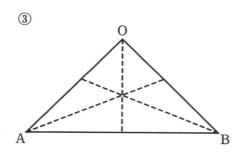

④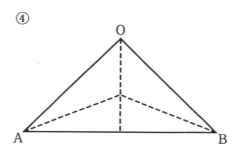

(2) OA = OB = 2 のとき，CD は $\boxed{}$ ー $\sqrt{\boxed{}}$ である。

〈計 算 用 紙〉

K 教英出版

第1時限　　**数　学**　（40分）

────────────────── 注　　意 ──────────────────

1　この試験は全問マークシート方式です。次の説明文を読み、まちがいのないように記入しなさい。

①　解答用紙にマークをするには、ＨＢまたはＢの黒鉛筆を使用しなさい。

②　監督者の指示で、解答用紙の氏名欄に漢字で名前を書き、フリガナをカタカナでつけなさい。

③　次に、受験番号を記入し、その下の欄に、右の例にならって正確にマークしなさい。

④　「開始」の指示で、解答を始めなさい。

⑤　問題用紙は1ページから4ページまであります。

⑥　問題は1から5まであります。解答記入欄をまちがえないように、例にならって正確にマークしなさい。

⑦　**数学解答上の注意**

　　数学については、問題文中の ア 、 イ などの □ には、特に指示のない限り、数値または符号（−）が入ります。これらを次の方法で解答記入欄にマークしなさい。

　（1）ア・イ・ウ………の一つ一つは、それぞれ0から9までの数字または（−）のいずれか一つに対応します。それらをア・イ・ウ…で示された解答記入欄にマークします。

　　（例） ア イ に「−4」と答えるとき

ア	●	⓪	①	②	③	④	⑤	⑥	⑦	⑧	⑨
イ	⊖	⓪	①	②	③	●	⑤	⑥	⑦	⑧	⑨

　（2）分数や無理数の形で解答が求められているときは、最も簡単な形で答えなさい。（−）の符号は分子につけ、分母につけてはいけません。

　　（例） ウ エ / オ に「− 8/5 」と答えるとき

ウ	●	⓪	①	②	③	④	⑤	⑥	⑦	⑧	⑨
エ	⊖	⓪	①	②	③	④	⑤	⑥	⑦	●	⑨
オ	⊖	⓪	①	②	③	④	●	⑥	⑦	⑧	⑨

　（3）定規、分度器、コンパスは使用できません。

⑧　訂正するときは、プラスチック製消しゴムでていねいに消し、消しくずをシート上に残さないこと。

⑨　所定の記入欄以外には、何も記入しないこと。

⑩　解答用紙をよごしたり折りまげたりしないこと。

　　解答用紙がよごれていたり、折り目があったりしたときは、試験の監督者に申し出なさい。

2　問題の内容についての質問には応じません。

　　印刷の文字が不鮮明なときは、静かに手をあげ、試験の監督者に聞きなさい。

3　答案を書き終わった人は、解答用紙を裏返しにして置きなさい。

4　「終了」の指示で、書くことをやめ、解答用紙と問題用紙を別々にして机の上に置きなさい。

（問題用紙は持ち帰ってください。）

────────────────

例

氏名欄の記入例

フリガナ	メイジョウ　タロウ
氏　名	名　城　太　郎

受験番号の記入例
「10310」
の場合⇨

受験番号				
1	0	3	1	0
●	⓪	⓪	●	●
●	①	①	●	①
②	②	②	②	②
③	③	●	③	③
④	④	④	④	④
⑤	⑤	⑤	⑤	⑤
⑥	⑥	⑥	⑥	⑥
⑦	⑦	⑦	⑦	⑦
⑧	⑧	⑧	⑧	⑧
⑨	⑨	⑨	⑨	⑨

マーク記入の例⇨

良い例	●
悪い例	⊘
	⊙
	◑

〈 計 算 用 紙 〉

H29. 名城大学附属高

K 教英出版

1 次の問いに答えなさい。

(1) $-0.5^2 - 6^2 \div \left(-\dfrac{4}{3}\right)^3 \div \{-12-(-3)\times 5\} = \dfrac{\boxed{\text{ア}}\ \boxed{\text{イ}}}{\boxed{\text{ウ}}\ \boxed{\text{エ}}}$ である。

(2) $(3\sqrt{2}+2)^2 - 2(4+\sqrt{5})(4-\sqrt{5}) = \boxed{\text{オ}}\ \boxed{\text{カ}}\ \sqrt{\boxed{\text{キ}}}$ である。

(3) x についての二次方程式 $x^2 - 4x + 2 = 0$ の2つの解を a, b $(a > b)$ とするとき、

$a^2 + ab$ の値は $\boxed{\text{ク}}\left(\boxed{\text{ケ}} + \sqrt{\boxed{\text{コ}}}\right)$ である。

(4) x と y についての2つの連立方程式

$$\begin{cases} 3x - 4y = -25 \\ ax + y = 1 \end{cases} \quad \text{と} \quad \begin{cases} x + by = 5 \\ 5x + 6y = 9 \end{cases}$$

が同じ解をもつとき、$a = \boxed{\text{サ}}$, $b = \boxed{\text{シ}}$ である。

(5) 下の図において、$\ell /\!/ m$ のとき、$\angle x = \boxed{\text{ス}}\ \boxed{\text{セ}}^\circ$ である。

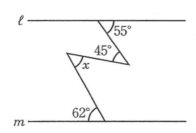

(6) 右の図のように、高さ12 cm、底面の半径 $3\sqrt{2}$ cm の円錐が
球Oと側面で接し、底面の中心でも接している。

このとき、球Oの半径は $\boxed{\text{ソ}}$ cm で、

球Oの体積は $\boxed{\text{タ}}\ \boxed{\text{チ}}\ \pi$ cm³ である。

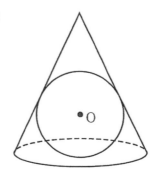

2 濃度が６％の食塩水Ａが a g，10％の食塩水Ｂが b g，12％の食塩水Ｃが c g ある。ＡとＢを全部まぜると９％の食塩水ができ，ＡとＣを全部まぜると10.8％の食塩水ができる。このとき，３種類の食塩水Ａ，Ｂ，Ｃを全部まぜると $\boxed{ア}$ $\boxed{イ}$ ． $\boxed{ウ}$ ％の食塩水ができる。

3 ２つのさいころＡ，Ｂを同時に投げるとき，さいころＡの目の数を a，さいころＢの目の数を b とする。このとき，次の問いに答えなさい。

(1) a と b の積が偶数となる確率は $\dfrac{\boxed{ア}}{\boxed{イ}}$ である。

(2) x についての二次方程式 $ax^2 - bx - 2 = 0$ が $x = 1$ を解にもつとき，

その確率は $\dfrac{\boxed{ウ}}{\boxed{エ}}$ である。

第4時限　　英　語　（40分）

―――――――――――――――――― 注　　　意 ――――――――――――――――――

1　この試験は全問マークシート方式です。次の説明文を読み、まちがいのないように記入しなさい。

① 解答用紙にマークをするには、ＨＢまたはＢの黒鉛筆を使用しなさい。

② 監督者の指示で、解答用紙の氏名欄に漢字で名前を書き、フリガナをカタカナでつけなさい。

③ 次に、受験番号を記入し、その下の欄に、右の例にならって正確にマークしなさい。

④ 「開始」の指示で、解答を始めなさい。

⑤ 問題用紙は 1 ページから14ページまであります。

⑥ 問題は 1 から 8 まであります。
　　解答番号は 1 から 36 まであります。解答記入欄をまちがえないように、例にならって正確にマークしなさい。

⑦ 訂正するときは、プラスチック製消しゴムでていねいに消し、消しくずをシート上に残さないこと。

⑧ 所定の記入欄以外には、何も記入しないこと。

⑨ 解答用紙をよごしたり折りまげたりしないこと。
　　解答用紙がよごれていたり、折り目があったりしたときは、試験の監督者に申し出なさい。

2　問題の内容についての質問には応じません。
　　印刷の文字が不鮮明なときは、静かに手をあげ、試験の監督者に聞きなさい。

3　答案を書き終わった人は、解答用紙を裏返しにして置きなさい。

4　「終了」の指示で、書くことをやめ、解答用紙と問題用紙を別々にして机の上に置きなさい。

（問題用紙は持ち帰ってください。）

例

氏名欄の記入例

フリガナ	メイジョウ　タロウ
氏　名	名　城　　太　郎

受験番号の記入例
「10310」
　の場合⇨

受験番号				
1	0	3	1	0
●	⓪	⓪	●	●
●	①	①	●	①
②	②	②	②	②
③	③	●	③	③
④	④	④	④	④
⑤	⑤	⑤	⑤	⑤
⑥	⑥	⑥	⑥	⑥
⑦	⑦	⑦	⑦	⑦
⑧	⑧	⑧	⑧	⑧
⑨	⑨	⑨	⑨	⑨

マーク記入の例⇨

良い例	●
悪い例	⊘
	⊙
	◍

1 次の各語の組み合わせについて、下線部の発音がすべて同じものはどれですか。①～⓪の中から、適当なものを二つ選び、その番号をマークしなさい。ただし、解答は①～⓪の順に記入しなさい。

解答番号は 1 ・ 2 です。

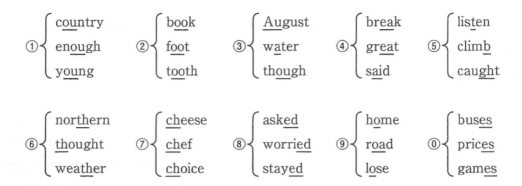

① { country / enough / young }　② { book / foot / tooth }　③ { August / water / though }　④ { break / great / said }　⑤ { listen / climb / caught }

⑥ { northern / thought / weather }　⑦ { cheese / chef / choice }　⑧ { asked / worried / stayed }　⑨ { home / road / lose }　⓪ { buses / prices / games }

2 次の各語について、下線部を最も強く読むものはどれですか。①～⓪の中から、適当なものを二つ選び、その番号をマークしなさい。ただし、解答は①～⓪の順に記入しなさい。

解答番号は 3 ・ 4 です。

① various　② Internet　③ newspaper　④ dangerous
⑤ idea　⑥ museum　⑦ experience　⑧ volunteer
⑨ evacuation　⓪ chocolate

3 次の英文について、（　）に入る語（句）はどれですか。①〜⑤の中から、最も適当なもの
を選び、それぞれその番号をマークしなさい。

問1　He （　　） his bag on the desk when he came home.
　　　解答番号は ☐5☐ です。

　　① put　　　　② puts　　　　③ has put　　　④ putting　　　⑤ puts on

問2　The pamphlet （　　） more than fifty products are sold here.
　　　解答番号は ☐6☐ です。

　　① writes　　　② tells　　　③ shows　　　④ says　　　⑤ speaks

問3　I've loved Japanese anime （　　） I was a child.
　　　解答番号は ☐7☐ です。

　　① when　　　　② how　　　　③ since　　　④ which　　　⑤ from

問4　This picture is the most beautiful （　　） all.
　　　解答番号は ☐8☐ です。

　　① by　　　　② for　　　　③ with　　　④ of　　　　⑤ than

問5　Mother gets up （　　） earlier than I.
　　　解答番号は ☐9☐ です。

　　① more　　　② to　　　　③ very　　　④ an　　　　⑤ much

- 2 -

4 各問いの三つの文の（　　）内に共通して入る語はどれですか。下の枠の①〜⑤の中から、最も適当なものを選び、それぞれその番号をマークしなさい。

問1　Cutting trees in forests adds （　　） global warming.

Have you ever been （　　） the Statue of Liberty?

It took about one hour from Nagoya （　　） Kyoto by train.

解答番号は　10　です。

問2　Mr. Kato has come up （　　） a great idea.

Can you help me （　　） my homework?

Kyoto is an old city （　　） many traditional buildings.

解答番号は　11　です。

問3　When I see someone （　　） need, I will give them a hand.

I think it's important to keep the past （　　） mind.

I watched a soccer game on TV （　　） the evening.

解答番号は　12　です。

| ① on | ② with | ③ to | ④ at | ⑤ in |

5 次の各日本文に合うように語（句）を並べかえた場合、（　　）内での順番が【　　】に指定
されたものの組み合わせとして正しいものはどれですか。①～⑤の中から、最も適当なものを選
び、それぞれその番号をマークしなさい。ただし、文頭になるものも小文字で記してあります。

（例）　私はサッカーチームのメンバーです。【2番目と4番目】

　　I'm (the football / a / team / of / member).

　　→ I'm (a member of the football team).

　　　　　2番目：member ／ 4番目：the football

問1　自分自身を守るために何をすべきかあなたは知っていますか。【4番目と7番目】
　　解答番号は [13] です。

Do (yourself / what / do / for / to / you / know / protecting)?

①　4番目：for　　　　　／ 7番目：do

②　4番目：to　　　　　／ 7番目：for

③　4番目：do　　　　　／ 7番目：protecting

④　4番目：to　　　　　／ 7番目：protecting

⑤　4番目：protecting　／ 7番目：yourself

問2　私がそこで学んだ多くのことは興味深かった。【3番目と6番目】
　　解答番号は [14] です。

(there / I / interesting / learned / many / things / were).

①　3番目：many　　　／ 6番目：were

②　3番目：many　　　／ 6番目：interesting

③　3番目：I　　　　　／ 6番目：there

④　3番目：many　　　／ 6番目：learned

⑤　3番目：I　　　　　／ 6番目：were

問3　何も読むものがない学生が何人かいました。【3番目と6番目】

　　　解答番号は　15　です。

　　　(nothing / read / were / to / had / there / who / some students).

　　　①　3番目：there　　　　　　/ 6番目：nothing
　　　②　3番目：nothing　　　　　/ 6番目：there
　　　③　3番目：some students　/ 6番目：nothing
　　　④　3番目：who　　　　　　 / 6番目：read
　　　⑤　3番目：read　　　　　　 / 6番目：nothing

問4　私の妹はその本を理解するには幼すぎます。【4番目と7番目】

　　　解答番号は　16　です。

　　　(my / book / to / understand / the / too / is / young / sister).

　　　①　4番目：too　　　　　　/ 7番目：understand
　　　②　4番目：too　　　　　　/ 7番目：to
　　　③　4番目：to　　　　　　 / 7番目：understand
　　　④　4番目：to　　　　　　 / 7番目：too
　　　⑤　4番目：young　　　　 / 7番目：to

6 ［α］［β］それぞれの英文中に不要な文が一つあります。下線部①〜⑤の中から、一つずつ選び、その番号をマークしなさい。

［α］

　　Have you ever used a furoshiki? ①Furoshiki are traditional Japanese pieces of cloth. ②They are square, and are used to wrap and carry things. ③They are good for the environment because they can be used many times. If you have one, you don't have to use wrapping paper or plastic bags. They are also convenient. ④You can fold them up and keep them in your pocket. ⑤They were first made in the Nara period and now became popular among young people. I think more people should use furoshiki. Using furoshiki is one way to help the environment.

解答番号は　17　です。

［β］

　　Partner dogs help people who can't walk or can't use their hands well because they had accidents or got sick. The people who use partner dogs are called "users." How do partner dogs help their users? ①Many partner dogs in Japan are *Labrador Retrievers. The name "Retriever" comes from "retrieve." To retrieve means finding something and bringing it back. They like to retrieve. ②That is important because bringing something to their users is one of their jobs. ③Partner dogs also understand about 50 words and do a lot of things for them. ④Some people are a little afraid of living with them. Partner dogs help their users when they open and close doors, and go shopping. ⑤The life of their users becomes easier with them. We should understand that they are important for their users.

解答番号は　18　です。

*Labrador Retrievers：ラブラドール・レトリバー（イヌの種類）

7 英文を読み、あとの問いに答えなさい。

Do you know (1) in the world? 100? 1,000? No, many more than that. There are about 6,000 different languages in the world. But *sadly, (2) are *in danger of disappearing.

A language disappears when no one speaks it anymore. Even in Japan, some languages are *in danger. You may know that Japanese is not the only language (3) in Japan. Some *native people also speak unique languages such as *Ainu. But the native speakers are growing old, and younger people don't have many chances to learn their languages. Someday, these native languages may disappear *completely.

New Zealand had (4) a similar *situation. The native *Maori people had a strong language and culture long before English *settlers came. But *as *more and more people from England arrived, English became the *common language. *By the 1980s, only a few Maori people spoke their own language well. Some Maori leaders started a movement to *recover their language. They taught classes and (5) people proud of their Maori culture. Now, both Maori and English are *official languages in New Zealand.

Is it OK to have just a few common languages that everyone uses? Fewer languages may make global communication easier. (6) and support different cultures? What do you think?

*Let me tell you my opinion. I think everyone should *take pride in their own language and learn it well. I think everyone should also study a second language, to communicate with different people and learn about their cultures. Then, we can all understand each other better.

(7). They are not only tools of communication, but also a part of our culture and history. We all want to take care of the *environment for the next generation. I think we should do the same for our native languages.

(NEW HORIZON English Course より)

答 記 入 欄
②③④⑤⑥⑦⑧⑨
②③④⑤⑥⑦⑧⑨
②③④⑤⑥⑦⑧⑨

答 記 入 欄
②③④⑤⑥⑦⑧⑨
②③④⑤⑥⑦⑧⑨
②③④⑤⑥⑦⑧⑨
②③④⑤⑥⑦⑧⑨

答 記 入 欄
②③④⑤⑥⑦⑧⑨
②③④⑤⑥⑦⑧⑨
②③④⑤⑥⑦⑧⑨
②③④⑤⑥⑦⑧⑨
②③④⑤⑥⑦⑧⑨
②③④⑤⑥⑦⑧⑨
②③④⑤⑥⑦⑧⑨
②③④⑤⑥⑦⑧⑨
②③④⑤⑥⑦⑧⑨

5		解 答 記 入 欄
(1)	ア	⊖ ⓪ ① ② ③ ④ ⑤ ⑥ ⑦ ⑧ ⑨
(2)	イ	⊖ ⓪ ① ② ③ ④ ⑤ ⑥ ⑦ ⑧ ⑨
	ウ	⊖ ⓪ ① ② ③ ④ ⑤ ⑥ ⑦ ⑧ ⑨
	エ	⊖ ⓪ ① ② ③ ④ ⑤ ⑥ ⑦ ⑧ ⑨
(3)	オ	⊖ ⓪ ① ② ③ ④ ⑤ ⑥ ⑦ ⑧ ⑨
	カ	⊖ ⓪ ① ② ③ ④ ⑤ ⑥ ⑦ ⑧ ⑨
	キ	⊖ ⓪ ① ② ③ ④ ⑤ ⑥ ⑦ ⑧ ⑨
	ク	⊖ ⓪ ① ② ③ ④ ⑤ ⑥ ⑦ ⑧ ⑨
	ケ	⊖ ⓪ ① ② ③ ④ ⑤ ⑥ ⑦ ⑧ ⑨

名城大学附属高等学校

答	記	入	欄
②	③	④	⑤
②	③	④	⑤
②	③	④	⑤
②	③	④	⑤

答	記	入	欄
②	③	④	⑤
②	③	④	⑤

答	記	入	欄
②	③	④	⑤
②	③	④	⑤
②	③	④	⑤
②	③	④	⑤
②	③	④	⑤
②	③	④	⑤
②	③	④	⑤
②	③	④	⑤

8		解 答 記 入 欄				
問1	29	①	②	③	④	⑤
	30	①	②	③	④	⑤
	31	①	②	③	④	⑤
	32	①	②	③	④	⑤
	33	①	②	③	④	⑤
問2	34	①	②	③	④	⑤
問3	35	①	②	③	④	⑤
	36	①	②	③	④	⑤

名城大学附属高等学校

平成29年度　　英　語　解　答　用　紙

（配点非公表）

学校使用欄　　受験番号

受験生はマークしないでください

フリガナ	
氏　名	

1		解　答　記　入　欄
	1	① ② ③ ④ ⑤ ⑥ ⑦ ⑧ ⑨ ⓪
	2	① ② ③ ④ ⑤ ⑥ ⑦ ⑧ ⑨ ⓪

2		解　答　記　入　欄
	3	① ② ③ ④ ⑤ ⑥ ⑦ ⑧ ⑨ ⓪
	4	① ② ③ ④ ⑤ ⑥ ⑦ ⑧ ⑨ ⓪

3		解　答　記　入　欄
問1	5	① ② ③ ④ ⑤
問2	6	① ② ③ ④ ⑤
問3	7	① ② ③ ④ ⑤
問4	8	① ② ③ ④ ⑤
問5	9	① ② ③ ④ ⑤

4		解　答　記　入　欄
問1	10	① ② ③ ④ ⑤
問2	11	① ② ③ ④ ⑤
問3	12	① ② ③ ④ ⑤

5	
問1	13
問2	14
問3	15
問4	16

6	
〔α〕	17
〔β〕	18

7	
問1	19
問2	20
問3	21
問4	22
問5	23
問6	24
問7	25
問8	26
問9	27
問10	28

【解答用

平成29年度　　**数 学 解 答 用 紙**

（配点非公表）

フリガナ	
氏　名	

受験番号

	⓪	⓪	⓪	⓪
①	①	①	①	①
②	②	②	②	②
③	③	③	③	③
	④	④	④	④
	⑤	⑤	⑤	⑤
	⑥	⑥	⑥	⑥
	⑦	⑦	⑦	⑦
	⑧	⑧	⑧	⑧
	⑨	⑨	⑨	⑨

1		解 答 記 入 欄
(1)	ア	⊖ ⓪ ① ② ③ ④ ⑤ ⑥ ⑦ ⑧ ⑨
	イ	⊖ ⓪ ① ② ③ ④ ⑤ ⑥ ⑦ ⑧ ⑨
	ウ	⊖ ⓪ ① ② ③ ④ ⑤ ⑥ ⑦ ⑧ ⑨
	エ	⊖ ⓪ ① ② ③ ④ ⑤ ⑥ ⑦ ⑧ ⑨
(2)	オ	⊖ ⓪ ① ② ③ ④ ⑤ ⑥ ⑦ ⑧ ⑨
	カ	⊖ ⓪ ① ② ③ ④ ⑤ ⑥ ⑦ ⑧ ⑨
	キ	⊖ ⓪ ① ② ③ ④ ⑤ ⑥ ⑦ ⑧ ⑨
(3)	ク	⊖ ⓪ ① ② ③ ④ ⑤ ⑥ ⑦ ⑧ ⑨
	ケ	⊖ ⓪ ① ② ③ ④ ⑤ ⑥ ⑦ ⑧ ⑨
	コ	⊖ ⓪ ① ② ③ ④ ⑤ ⑥ ⑦ ⑧ ⑨
(4)	サ	⊖ ⓪ ① ② ③ ④ ⑤ ⑥ ⑦ ⑧ ⑨
	シ	⊖ ⓪ ① ② ③ ④ ⑤ ⑥ ⑦ ⑧ ⑨
(5)	ス	⊖ ⓪ ① ② ③ ④ ⑤ ⑥ ⑦ ⑧ ⑨
	セ	⊖ ⓪ ① ② ③ ④ ⑤ ⑥ ⑦ ⑧ ⑨
(6)	ソ	⊖ ⓪ ① ② ③ ④ ⑤ ⑥ ⑦ ⑧ ⑨
	タ	⊖ ⓪ ① ② ③ ④ ⑤ ⑥ ⑦ ⑧ ⑨
	チ	⊖ ⓪ ① ② ③ ④ ⑤ ⑥ ⑦ ⑧ ⑨

2	
	ア
	イ
	ウ

3	
(1)	ア
	イ
	ウ
(2)	エ

4	
(1)	ア
	イ
	ウ
(2)	エ
	オ
	カ
	キ
	ク
(3)	ケ

*sadly：残念なことに　　*in danger of ～：～する危険がある

*in danger：危機にひんして　　*native people：先住民　　*Ainu：アイヌ語

*completely：完全に　　*situation：状況　　*Maori people：マオリ族

*settler：移民　　*as：～につれて　　*more and more：ますます多くの

*common language：共通語　　*by：～までには　　*recover：～を復活させる

*official language：公用語　　*let me tell you ～：～を言わせてください

*take pride in ～：～に誇りを持つ　　*environment：環境

問1　（　1　）に入る表現として正しいものはどれですか。①～⑤の中から、最も適当なもの
　　を選び、その番号をマークしなさい。

　　解答番号は　19　です。

① how many languages are spoken

② how many speaking languages are

③ how many languages speak

④ how many languages spoken are

⑤ many languages speak how

問2　（　2　）に入る表現として正しいものはどれですか。①～⑤の中から、最も適当なもの
　　を選び、その番号をマークしなさい。

　　解答番号は　20　です。

① almost of those half languages

② almost half those of languages

③ those languages of half almost

④ those half of almost languages

⑤ almost half of those languages

問3　（　3　）に入る語（句）として正しいものはどれですか。①～⑤の中から、最も適当な
ものを選び、その番号をマークしなさい。

解答番号は　21　です。

① which speak　② spoken　③ that spoken　④ speaking　⑤ to speak

問4　下線部（4）が指しているものはどれですか。①～⑤の中から、最も適当なものを選び、
その番号をマークしなさい。

解答番号は　22　です。

① 先住民が話していたような少数言語が消滅する危機にあること
② 若い人が言語を学ぶ機会に恵まれないこと
③ 日本でほぼ半分の少数言語が消滅していること
④ マオリ族の言語や文化に勢いがあること
⑤ 先住民が話していたような少数言語に誇りをもつ人が多いこと

問5　（　5　）に入る語として正しいものはどれですか。①～⑤の中から、最も適当なものを
選び、その番号をマークしなさい。

解答番号は　23　です。

① many　　② gave　　③ made　　④ Maori　　⑤ had

問6　（　6　）に入る表現として正しいものはどれですか。①～⑤の中から、最も適当なもの
を選び、その番号をマークしなさい。

解答番号は　24　です。

① So should everyone speak the same language
② Or, should we save every language
③ So should we use only English as an official language
④ So should we choose a language that we use in our daily lives
⑤ Or, should we discuss the thing with each other

問7 （ 7 ）に入る表現として正しいものはどれですか。①～⑤の中から、最も適当なもの
を選び、その番号をマークしなさい。

解答番号は 25 です。

① Studying a second language is important

② Languages are treasures

③ People are proud of their culture and history

④ People should learn about their culture

⑤ A language is disappearing

問8 本文の内容と同じになるように、次の英文の（　）に入る表現として正しいものはど
れですか。①～⑤の中から、最も適当なものを選び、その番号をマークしなさい。

解答番号は 26 です。

In New Zealand, English became the common language because （　）.

① no one spoke it anymore

② the language of Maori people was unique

③ some Maori leaders tried to recover their language

④ English settlers were against speaking the language of Maori people

⑤ many people from England came to New Zealand

問9　本文の内容と同じになるように、次の英文の（　　）に入る表現として正しいものはど
れですか。①〜⑤の中から、最も適当なものを選び、その番号をマークしなさい。
解答番号は　27　です。

The writer says that（　　）.

① about 1,000 languages in the world will disappear in the near future
② young people who speak unique languages don't have to learn other
　languages
③ languages are important and we should take care of our native languages
④ it is easy for us to make a global language
⑤ we can understand each other because we are proud of our own language

問10　本文の表題としてふさわしいものはどれですか。①〜⑤の中から、最も適当なものを選
び、その番号をマークしなさい。
解答番号は　28　です。

① Languages as a tool of communication
② The importance of a second language
③ The history of language
④ Languages in danger
⑤ Different languages in the world

8 英文を読み、あとの問いに答えなさい。

"Do you know my *blood type?"

"No. But you're a very *serious person, so I think your blood type is A."

"Wow! That's right!"

Two Japanese students are talking about blood type. This kind of *conversation is *common in Japan.

Today in Japan, a lot of people are interested in blood type. They think that it shows *personality. But in many other countries, (1). Why do Japanese people think that blood type shows personality?

For one reason, in Japan, there are many people with each blood type. However, the *situation is different in other countries. For example, in *Bolivia, (2). In such countries, people do not think that blood type shows personality.

For another reason, Japanese people usually know their blood types. However, (3). Ask a person from the United States or Europe, "What's your blood type?" Then, the person may say, "(4) Only doctors know about blood type." If people do not know their blood types, they cannot talk about blood type and personality together.

For these two reasons, blood type is often used when people *judge personality in Japan. This is also true in *South Korea. (5).

What do scientists think? Many scientists believe that there is no *relationship between blood type and personality. Some scientists *researched the relationship, but no relationship was found. However, (6). Do you think that your blood type shows your personality?

(*LANDMARK Fit English Communication I* より)

| *blood type：血液型   *serious：まじめな   *conversation：会話 |
| *common：ありふれた   *personality：性格   *situation：状況 |
| *Bolivia：ボリビア（南米中西部の共和国）   *judge：判断する |
| *South Korea：韓国   *relationship between 〜 and …：〜と…の関係 |
| *researched：調査した（research の過去形） |

問1　（ 1 ）・（ 2 ）・（ 3 ）・（ 5 ）・（ 6 ）にそれぞれ入る表現として正しいもの
はどれですか。①〜⑤の中から、最も適当なものを選び、それぞれその番号をマークしな
さい。ただし、文頭になるものも小文字で記してあります。

　　（ 1 ）の解答番号は　29　です。

　　（ 2 ）の解答番号は　30　です。

　　（ 3 ）の解答番号は　31　です。

　　（ 5 ）の解答番号は　32　です。

　　（ 6 ）の解答番号は　33　です。

① people are very interested in blood type there

② some Japanese people still think that blood type is an interesting *topic

③ most people have type O blood

④ many people in foreign countries do not know them

⑤ people do not think so

*topic：話題

問2　（ 4 ）に入る表現として正しいものはどれですか。①〜⑤の中から、最も適当なもの
を選び、その番号をマークしなさい。

解答番号は　34　です。

① How do you want to know that?

② Why do you ask that?

③ You mean my blood type is different from yours?

④ That sounds fun.

⑤ Could you tell me how to judge personality in Japan?

問3　本文の内容と<u>異なっているもの</u>はどれですか。①〜⑤の中から、適当なものを二つ選び、その番号をマークしなさい。ただし、解答は①〜⑤の順に記入しなさい。

解答番号は　35　　36　です。

① Talking about a person's blood type is very popular in Japan.

② Many scientists says that people with type A blood are serious.

③ Many scientists shows that the number of people with type AB blood is increasing in the world.

④ In the United States and Europe, many people do not know their blood types.

⑤ In Bolivia, people don't think that blood type shows personality.

H29. 名城大学附属高

4 右の図のように，放物線 $y = \dfrac{1}{2}x^2$ と直線 $y = \dfrac{1}{2}x + 3$ との交点のうち，x 座標が負であるものを A，x 座標が正であるものを B とする。また，AB∥PQ となるように放物線 $y = \dfrac{1}{2}x^2$ 上に異なる 2 点 P，Q をとる。このとき，次の問いに答えなさい。

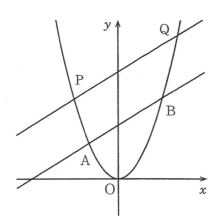

(1) 点 B の座標は $\left(\boxed{}\ ,\ \dfrac{\boxed{}}{\boxed{}} \right)$ である。

(2) 点 B を通り，△OAB の面積を二等分する直線の式は，

$$y = \frac{\boxed{}}{\boxed{}}x + \frac{\boxed{}\ \boxed{}}{\boxed{}}$$ である。

(3) 2 点 P，Q の x 座標をそれぞれ p，q とするとき，$p + q = \boxed{}$ である。

5 円周の長さが 12π の円 O がある。点 P は円 O 上の点 A を出発し反時計回りに円周上を毎秒 3π の速さで進み，点 Q は点 A を出発し時計回りに円周上を毎秒 2π の速さで進む。点 P，Q が点 A を同時に出発するとき，次の問いに答えなさい。

(1) 円 O の半径は $\boxed{\ \text{ア}\ }$ である。

(2) 点 P，Q が点 A を出発してから 2 秒後の △APQ の面積 S_1 は $\boxed{\ \text{イ}\ }\boxed{\ \text{ウ}\ }\sqrt{\boxed{\ \text{エ}\ }}$ である。

(3) 点 Q は点 A を出発してから 5 秒後に停止し，点 P はその後も進み続けるものとする。
点 Q が停止してから，△APQ の面積が最大となるときの △APQ の面積 S_2 は

$\boxed{\ \text{オ}\ }\left(\boxed{\ \text{カ}\ }+\sqrt{\boxed{\ \text{キ}\ }}\right)$ である。

また，点 Q が停止してから初めて △APQ の面積が S_2 となるのは，点 Q が停止してから

$\dfrac{\boxed{\ \text{ク}\ }}{\boxed{\ \text{ケ}\ }}$ 秒後である。

〈計 算 用 紙〉

第1時限　　数　学　（40分）

─────────── 注　　意 ───────────

1　この試験は全問マークシート方式です。次の説明文を読み、まちがいのないように記入しなさい。

① 解答用紙にマークをするには、ＨＢまたはＢの黒鉛筆を使用しなさい。

② 監督者の指示で、解答用紙の氏名欄に漢字で名前を書き、フリガナをカタカナでつけなさい。

③ 次に、受験番号を記入し、その下の欄に、右の例にならって正確にマークしなさい。

④ 「開始」の指示で、解答を始めなさい。

⑤ 問題用紙は 1 ページから 4 ページまであります。

⑥ 問題は 1 から 6 まであります。解答記入欄をまちがえないように、例にならって正確にマークしなさい。

⑦ **数学解答上の注意**

　数学については、問題文中の ア 、 イ などの □ には、特に指示のない限り、数値または符号（－）が入ります。これらを次の方法で解答記入欄にマークしなさい。

　(1) ア・イ・ウ………の一つ一つは、それぞれ 0 から 9 までの数字または（－）のいずれか一つに対応します。それらをア・イ・ウ…で示された解答記入欄にマークします。

　（例） ア イ に「－4」と答えるとき

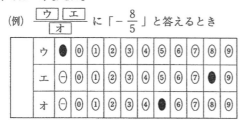

　(2) 分数や無理数の形で解答が求められているときは、最も簡単な形で答えなさい。（－）の符号は分子につけ、分母につけてはいけません。

　（例） ウ エ / オ に「－ 8/5 」と答えるとき

　(3) 定規、分度器、コンパスは使用できません。

⑧ 訂正するときは、プラスチック製消しゴムでていねいに消し、消しくずをシート上に残さないこと。

⑨ 所定の記入欄以外には、何も記入しないこと。

⑩ 解答用紙をよごしたり折りまげたりしないこと。

　解答用紙がよごれていたり、折り目があったりしたときは、試験の監督者に申し出なさい。

2　問題の内容についての質問には応じません。

　印刷の文字が不鮮明なときは、静かに手をあげ、試験の監督者に聞きなさい。

3　答案を書き終わった人は、解答用紙を裏返しにして置きなさい。

4　「終了」の指示で、解答をやめ、解答用紙と問題用紙を別々にして机の上に置きなさい。

（問題用紙は持ち帰ってください。）

例

氏名欄の記入例

フリガナ	メイジョウ　タロウ
氏　名	名城　太郎

受験番号の記入例
「10310」
の場合⇨

受験番号				
1	0	3	1	0

マーク記入の例⇨

良い例	●
悪い例	∅
	⊙
	◖

〈 計 算 用 紙 〉

K 教英出版

1 次の問いに答えなさい。

(1) $\sqrt{3} + \dfrac{\sqrt{(-3)^2}}{\sqrt{3}} \div \dfrac{2}{15} + \sqrt{12} = \dfrac{\boxed{\text{ア}}\,\boxed{\text{イ}}\,\sqrt{\boxed{\text{ウ}}}}{\boxed{\text{エ}}}$ である。

(2) $x = \sqrt{11} + \sqrt{3}$, $y = \sqrt{11} - \sqrt{3}$ のとき,

$(x^3 y + 2\,x^2 y^2 + x y^3) \div x^2 y^2 = \dfrac{\boxed{\text{オ}}\,\boxed{\text{カ}}}{\boxed{\text{キ}}}$ である。

(3) 異なる2つの整数 a, b $(a > b)$ がある。a を b で割ると商が2で余りが4になり, a から b を引くと10になるという。このとき, $a = \boxed{\text{ク}}\,\boxed{\text{ケ}}$, $b = \boxed{\text{コ}}$ である。

(4) 2つの数 x, y があり, x の絶対値が6, y の絶対値が8である。$x + y < 0$, $xy < 0$ のとき, $x - y = \boxed{\text{サ}}\,\boxed{\text{シ}}$ である。

(5) a を定数とする。x についての二次方程式 $x^2 + ax - 9 = 0$ を解いたとき, その解の1つが二次方程式 $2(x + 3)^2 - 10 = 62$ の小さい方の解と同じであるとき, $a = \boxed{\text{ス}}$ である。

(6) x は自然数で, $\sqrt{x}$ の整数部分が7であるという。このような x のうち最も大きい数と最も小さい数の差は, $\boxed{\text{セ}}\,\boxed{\text{ソ}}$ である。

2 下のグラフは，あるクラス30人の漢字テストの点数を度数分布表で表し，その度数分布表をもとに書かれたヒストグラムである。このヒストグラムから読み取れる代表値について，次の問いに答えなさい。

(1) 平均値は ア ・ イ 点である。

(2) 平均値を X 点，中央値を Y 点，最頻値を Z 点とすると，X ＋ Y ＋ Z ＝ ウ ・ エ ・ オ である。

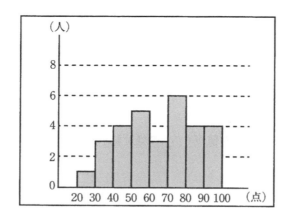

3 次の図において，点 O を円の中心とし AB∥CD のとき，∠x ＝ ア ・ イ °である。

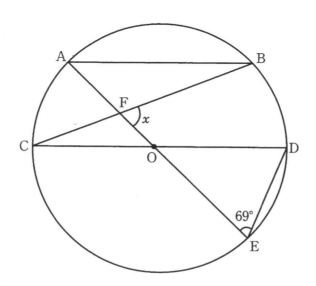

第４時限　　英　語　（40分）

―――――――――――――――― 注　　意 ――――――――――――――――

1　この試験は全問マークシート方式です。次の説明文を読み、まちがいのないように記入しなさい。

① 　解答用紙にマークをするには、ＨＢまたはＢの黒鉛筆を使用しなさい。

② 　監督者の指示で、解答用紙の氏名欄に漢字で名前を書き、フリガナをカタカナでつけなさい。

③ 　次に、受験番号を記入し、その下の欄に、右の例にならって正確にマークしなさい。

④ 　「開始」の指示で、解答を始めなさい。

⑤ 　問題用紙は１ページから14ページまであります。

⑥ 　問題は１から７まであります。
　　解答番号は $\boxed{1}$ から $\boxed{36}$ まであります。解答記入欄をまちがえないように、例にならって正確にマークしなさい。

⑦ 　訂正するときは、プラスチック製消しゴムでていねいに消し、消しくずをシート上に残さないこと。

⑧ 　所定の記入欄以外には、何も記入しないこと。

⑨ 　解答用紙をよごしたり折りまげたりしないこと。
　　解答用紙がよごれていたり、折り目があったりしたときは、試験の監督者に申し出なさい。

2　問題の内容についての質問には応じません。
　　印刷の文字が不鮮明なときは、静かに手をあげ、試験の監督者に聞きなさい。

3　答案を書き終わった人は、解答用紙を裏返しにして置きなさい。

4　「終了」の指示で、解答をやめ、解答用紙と問題用紙を別々にして机の上に置きなさい。

　　　　　　　　　　　　　（問題用紙は持ち帰ってください。）

例

氏名欄の記入例

フリガナ	メイジョウ　タロウ
氏　名	名　城　　太　郎

受験番号の記入例
「10310」
の場合⇨

受験番号				
1	0	3	1	0
●	⓪	⓪	①	●
●	①	①	●	①
②	②	②	②	②
③	③	●	③	③
④	④	④	④	④
⑤	⑤	⑤	⑤	⑤
⑥	⑥	⑥	⑥	⑥
⑦	⑦	⑦	⑦	⑦
⑧	⑧	⑧	⑧	⑧
⑨	⑨	⑨	⑨	⑨

マーク記入の例⇨

良い例	●
悪い例	⊘
	⊙
	◑

1 次の各語の組み合わせについて、下線部の発音がすべて同じものはどれですか。①〜⓪の中から、適当なものを二つ選び、その番号をマークしなさい。ただし、解答は①〜⓪の順に記入しなさい。

解答番号は 1 2 です。

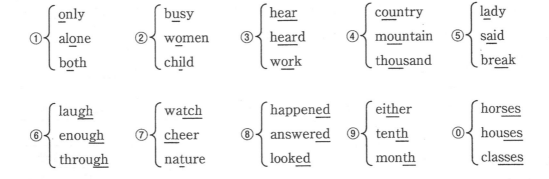

① { only / alone / both }
② { busy / women / child }
③ { hear / heard / work }
④ { country / mountain / thousand }
⑤ { lady / said / break }
⑥ { laugh / enough / through }
⑦ { watch / cheer / nature }
⑧ { happened / answered / looked }
⑨ { either / tenth / month }
⓪ { horses / houses / classes }

2 次の各語について、下線部を最も強く読むものはどれですか。①〜⓪の中から、適当なものを二つ選び、その番号をマークしなさい。ただし、解答は①〜⓪の順に記入しなさい。

解答番号は 3 4 です。

① advice
② chocolate
③ environment
④ introduce
⑤ manager
⑥ photograph
⑦ musician
⑧ scientist
⑨ understand
⓪ volunteer

3 次の各英文について、(　)に入る語(句)はどれですか。①〜⑤の中から、最も適当なもの を選び、それぞれその番号をマークしなさい。

問1　I hope her new book will (　　) by many people.
　　　解答番号は 　5　 です。

　　① read　　　　　　　② reading　　　　　③ be read
　　④ be reading　　　　⑤ have read

問2　You don't have to do your homework if you don't want (　　).
　　　解答番号は 　6　 です。

　　① so　　　② to　　　③ it　　　④ go　　　⑤ going

問3　I think soccer is (　　) than baseball.
　　　解答番号は 　7　 です。

　　① very exciting　　　② very excited　　　③ more exciting
　　④ more excited　　　⑤ the most exciting

問4　How many children (　　) to Mike's birthday party?
　　　解答番号は 　8　 です。

　　① invite　　　　　② invited　　　　　③ inviting
　　④ was invited　　⑤ were invited

問5　"Have you cleaned your room yet?"　"Yes. I (　　) it this morning."
　　　解答番号は 　9　 です。

　　① clean　　　　　② cleaned　　　　③ have cleaning
　　④ will clean　　　⑤ am cleaning

4 次の各日本文に合うように語(句)を並べかえた場合、（　　）内での順番が【　　】に指定されたものの組み合わせとして正しいものはどれですか。①～⑤の中から、最も適当なものを選び、それぞれその番号をマークしなさい。ただし、文頭になるものも小文字で記してあります。

（例）　私はサッカーチームのメンバーです。【２番目と４番目】

I'm (the football / a / team / of / member).

→ I'm (a member of the football team).

2番目：member / 4番目：the football

問1　君はそんなに大きな猫を見たことがありますか。【３番目と６番目】

解答番号は [10] です。

(ever / such / you / seen / big / cat / a / have)?

①　3番目：ever　　/ 6番目：a
②　3番目：ever　　/ 6番目：such
③　3番目：ever　　/ 6番目：big
④　3番目：seen　　/ 6番目：a
⑤　3番目：seen　　/ 6番目：such

問2　私はなぜあんなに幸せだったかわからない。【３番目と６番目】

解答番号は [11] です。

(what / I / so / me / made / happy / know / don't).

①　3番目：me　　/ 6番目：I
②　3番目：me　　/ 6番目：know
③　3番目：know　/ 6番目：made
④　3番目：know　/ 6番目：what
⑤　3番目：know　/ 6番目：me

問3　3か月以上ほとんど雪が降っていない。【2番目と6番目】

解答番号は 12 です。

We (three / have / snow / than / for / months / little / more / had).

① 2番目：had　　 / 6番目：more
② 2番目：had　　 / 6番目：three
③ 2番目：little　 / 6番目：more
④ 2番目：have　　/ 6番目：three
⑤ 2番目：little　 / 6番目：three

問4　彼は私にその女性の年齢を聞くように言った。【2番目と6番目】

解答番号は 13 です。

He told me (was / to / how / the woman / ask / old / she).

① 2番目：old　　 / 6番目：ask
② 2番目：to　　　/ 6番目：was
③ 2番目：to　　　/ 6番目：she
④ 2番目：ask　　 / 6番目：she
⑤ 2番目：ask　　 / 6番目：was

問5　どんな種類の本に興味がありますか。【3番目と6番目】

解答番号は 14 です。

(of / interested / what / are / kind / you / books / in) ?

① 3番目：interested　 / 6番目：kind
② 3番目：interested　 / 6番目：of
③ 3番目：of　　　　　/ 6番目：you
④ 3番目：you　　　　 / 6番目：of
⑤ 3番目：you　　　　 / 6番目：kind

5 次の対話文の (A) ～ (E) に入る表現はどれですか。①～⑧の中から、最も適当なものを選び、それぞれその番号をマークしなさい。ただし、各番号は一度しか使えません。

(A) の解答番号は 15 です。 (B) の解答番号は 16 です。
(C) の解答番号は 17 です。 (D) の解答番号は 18 です。
(E) の解答番号は 19 です。

Mary : Oh, no. I cannot go into my house. Mike! Come here, please. Turn the TV off and come to the door. Mike, listen to me. Open this door!

Mrs Jones : (A)

Mary : The door's *locked, and my *keys are inside. Mike is in the house, but the TV is very loud. Mike, turn off the TV.

Mrs Jones : What about the back door?

Mary : (B)

Mrs Jones : And the windows? Do you have a *ladder?

Mary : No, we don't.

Mrs Jones : We do. Wait there.

A few minutes later.

Mary : (C)

Mr Jones : I'm OK, but help me, please. Hold the ladder.

Mrs Jones : Is that window open?

Mr Jones : No, this one is locked, too. They are all locked.

Mary : Mike, do you hear me? Open the door, please.

Mike : I can't open the door. It is too high.

Mary : (D)

Mrs Jones : I have an idea, Mary. What about the dog's door?

Mary : Right! Mike, my keys are on the table. Give them to me. Put them through the dog's door.

Mike : I see.

Mary : I have them! Thank you, Mrs Jones, Mr Jones.

Mrs Jones : You are welcome, Mary. Any time.

Mary : (E) These aren't the house keys. They're the car keys. Mike! Turn off the TV! Mike!

*locked：鍵がかかって　　*keys：鍵　　*ladder：はしご

① Wait a minute!

② Are you OK, Mrs Jones?

③ What's wrong?

④ He is only three years old, you know.

⑤ Why don't you come?

⑥ That is locked, too.

⑦ Sorry, I can't.

⑧ Please be careful, Mr Jones.

6 次の手紙文を読み、あとの問いに答えなさい。

578 Oak St.
Clewiston, FL33440
August 3, 2010

Dear Ethan,

(1)? Are you still working as a computer engineer? I hope that your family is *healthy and happy. I'm sorry that (2) for *several months.

I'm writing because I have great news about our new family *business. As you know, Clewiston doesn't have a *sporting goods store. The *closest place (3) to buy sports *equipment is about 30 miles from here. My brother Mark and I will open a sporting goods store that will be easier for *residents to get (4). It will have (A) *customer service than the other store does, and our prices will be (B). Mark will be the store manager because he is good with people, and he is *calmer than I am. I will be the advertising manager and do the *accounting. Right now, we are all very busy. We plan to open the store in May.

I hope that you can come and visit us and our store soon. Please give my *regards to your family. (5).

Take care,
Lucy

(*Skills for Success OXFORD* より）

---

*healthy：健康な　　*several：いくらかの　　*business：商売

*sporting goods：スポーツ用品　　*closest：close「近い」の最上級

*equipment：用具　　*residents：居住者　　*customer：顧客

*calmer：calm「落ち着いた」の比較級　　*accounting：会計

*regards：よろしくとのあいさつ

記入方法

1. 記入は、必ずHBの黒鉛筆で、⃝の中を正確に、ぬりつぶしてください。
2. 訂正は、プラスチック製消しゴムできれいに消してください。
3. 受験番号は、数字を記入してから間違いのないようにマークしてください。
4. 解答用紙を、折り曲げたり、汚したりしないでください。

	良い例	⬤
悪い例		⊘
		⊙
		◖

答 記 入 欄
①②③④⑤⑥⑦⑧⑨
①②③④⑤⑥⑦⑧⑨
①②③④⑤⑥⑦⑧⑨
①②③④⑤⑥⑦⑧⑨
①②③④⑤⑥⑦⑧⑨

答 記 入 欄
①②③④⑤⑥⑦⑧⑨
①②③④⑤⑥⑦⑧⑨

答 記 入 欄
①②③④⑤⑥⑦⑧⑨
①②③④⑤⑥⑦⑧⑨
①②③④⑤⑥⑦⑧⑨
①②③④⑤⑥⑦⑧⑨
①②③④⑤⑥⑦⑧⑨

5			解 答 記 入 欄
(1)		ア	(-)⓪①②③④⑤⑥⑦⑧⑨
		イ	(-)⓪①②③④⑤⑥⑦⑧⑨
		ウ	(-)⓪①②③④⑤⑥⑦⑧⑨
(2)		エ	(-)⓪①②③④⑤⑥⑦⑧⑨
		オ	(-)⓪①②③④⑤⑥⑦⑧⑨
		カ	(-)⓪①②③④⑤⑥⑦⑧⑨
		キ	(-)⓪①②③④⑤⑥⑦⑧⑨

6			解 答 記 入 欄
(1)		ア	(-)⓪①②③④⑤⑥⑦⑧⑨
		イ	(-)⓪①②③④⑤⑥⑦⑧⑨
(2)		ウ	(-)⓪①②③④⑤⑥⑦⑧⑨
		エ	(-)⓪①②③④⑤⑥⑦⑧⑨
		オ	(-)⓪①②③④⑤⑥⑦⑧⑨
		カ	(-)⓪①②③④⑤⑥⑦⑧⑨
		キ	(-)⓪①②③④⑤⑥⑦⑧⑨
		ク	(-)⓪①②③④⑤⑥⑦⑧⑨

名城大学附属高等学校

答 記 入 欄
② ③ ④ ⑤ ⑥ ⑦ ⑧
② ③ ④ ⑤ ⑥ ⑦ ⑧
② ③ ④ ⑤ ⑥ ⑦ ⑧
② ③ ④ ⑤ ⑥ ⑦ ⑧
② ③ ④ ⑤ ⑥ ⑦ ⑧

答 記 入 欄
② ③ ④ ⑤
② ③ ④ ⑤
② ③ ④ ⑤
② ③ ④ ⑤
② ③ ④ ⑤
② ③ ④ ⑤
② ③ ④ ⑤
② ③ ④ ⑤

7		解 答 記 入 欄
問1	28	① ② ③ ④ ⑤
問2	29	① ② ③ ④ ⑤
問3	30	① ② ③ ④ ⑤
問4	31	① ② ③ ④ ⑤
問5	32	① ② ③ ④ ⑤
問6	33	① ② ③ ④ ⑤
問7	34	① ② ③ ④ ⑤
問8	35	① ② ③ ④ ⑤
問9	36	① ② ③ ④ ⑤

名城大学附属高等学校

平成28年度　　**英　語　解　答　用　紙**

受 験 番 号

⓪	⓪	⓪	⓪
①	①	①	①
②	②	②	②
③	③	③	③
④	④	④	④
⑤	⑤	⑤	⑤
⑥	⑥	⑥	⑥
⑦	⑦	⑦	⑦
⑧	⑧	⑧	⑧
⑨	⑨	⑨	⑨

フリガナ

氏　名

※100 点満点
（配点非公表）

1		解 答 記 入 欄
	1	① ② ③ ④ ⑤ ⑥ ⑦ ⑧ ⑨ ⓪
	2	① ② ③ ④ ⑤ ⑥ ⑦ ⑧ ⑨ ⓪

2		解 答 記 入 欄
	3	① ② ③ ④ ⑤ ⑥ ⑦ ⑧ ⑨ ⓪
	4	① ② ③ ④ ⑤ ⑥ ⑦ ⑧ ⑨ ⓪

3		解 答 記 入 欄				
問1	5	①	②	③	④	⑤
問2	6	①	②	③	④	⑤
問3	7	①	②	③	④	⑤
問4	8	①	②	③	④	⑤
問5	9	①	②	③	④	⑤

4		解 答 記 入 欄				
問1	10	①	②	③	④	⑤
問2	11	①	②	③	④	⑤
問3	12	①	②	③	④	⑤
問4	13	①	②	③	④	⑤
問5	14	①	②	③	④	⑤

5	
	1
	1
	1
	1

6	
問1	2
問2	2
問3	2
問4	2
問5	2
問6	2
問7	2
問8	2

平成28年度　**数 学 解 答 用 紙**

※100 点満点
（配点非公表）

受 験 番 号

⓪	⓪	⓪	⓪
①	①	①	①
②	②	②	②
③	③	③	③
④	④	④	④
⑤	⑤	⑤	⑤
⑥	⑥	⑥	⑥
⑦	⑦	⑦	⑦
⑧	⑧	⑧	⑧
⑨	⑨	⑨	⑨

フリガナ

氏　名

1		**解 答 記 入 欄**
(1)	ア	⊖ ⓪ ① ② ③ ④ ⑤ ⑥ ⑦ ⑧ ⑨
	イ	⊖ ⓪ ① ② ③ ④ ⑤ ⑥ ⑦ ⑧ ⑨
	ウ	⊖ ⓪ ① ② ③ ④ ⑤ ⑥ ⑦ ⑧ ⑨
	エ	⊖ ⓪ ① ② ③ ④ ⑤ ⑥ ⑦ ⑧ ⑨
(2)	オ	⊖ ⓪ ① ② ③ ④ ⑤ ⑥ ⑦ ⑧ ⑨
	カ	⊖ ⓪ ① ② ③ ④ ⑤ ⑥ ⑦ ⑧ ⑨
	キ	⊖ ⓪ ① ② ③ ④ ⑤ ⑥ ⑦ ⑧ ⑨
(3)	ク	⊖ ⓪ ① ② ③ ④ ⑤ ⑥ ⑦ ⑧ ⑨
	ケ	⊖ ⓪ ① ② ③ ④ ⑤ ⑥ ⑦ ⑧ ⑨
	コ	⊖ ⓪ ① ② ③ ④ ⑤ ⑥ ⑦ ⑧ ⑨
(4)	サ	⊖ ⓪ ① ② ③ ④ ⑤ ⑥ ⑦ ⑧ ⑨
	シ	⊖ ⓪ ① ② ③ ④ ⑤ ⑥ ⑦ ⑧ ⑨
(5)	ス	⊖ ⓪ ① ② ③ ④ ⑤ ⑥ ⑦ ⑧ ⑨
(6)	セ	⊖ ⓪ ① ② ③ ④ ⑤ ⑥ ⑦ ⑧ ⑨
	ソ	⊖ ⓪ ① ② ③ ④ ⑤ ⑥ ⑦ ⑧ ⑨

2
(1)
(2)

3

4
(1)
(2)
(3)

問1　（　1　）に入る表現として正しいものはどれですか。①〜⑤の中から、最も適当なもの
を選び、その番号をマークしなさい。

解答番号は　20　です。

① How about going

② How about you

③ How you are

④ How are you

⑤ How are going

問2　（　2　）に入る表現として正しいものはどれですか。①〜⑤の中から、最も適当なもの
を選び、その番号をマークしなさい。

解答番号は　21　です。

① I don't write you

② I don't have written you

③ I haven't written you

④ I didn't have written you

⑤ I won't write you

問3　下線部（3）と同じ働きの「to + 動詞の原形」を含む英文はどれですか。①〜⑤の中から、
最も適当なものを選び、その番号をマークしなさい。

解答番号は　22　です。

① I was happy to hear that.

② He studied hard to be a teacher.

③ I want you to check my homework.

④ I want to see you tomorrow.

⑤ They don't have a house to live in.

問4　（　4　）に入る語として正しいものはどれですか。①～⑤の中から、最も適当なものを
選び、その番号をマークしなさい。

解答番号は　23　です。

① to　　　　　② up　　　　　③ on　　　　　④ off　　　　　⑤ well

問5　（　A　）（　B　）に入る語の正しい組み合わせはどれですか。①～⑤の中から、最も
適当なものを選び、その番号をマークしなさい。

解答番号は　24　です。

① （　A　）→　good　　（　B　）→　high
② （　A　）→　good　　（　B　）→　low
③ （　A　）→　bad　　（　B　）→　low
④ （　A　）→　better　（　B　）→　higher
⑤ （　A　）→　better　（　B　）→　lower

問6　（　5　）に入る表現として正しいものはどれですか。①～⑤の中から、最も適当なもの
を選び、その番号をマークしなさい。

解答番号は　25　です。

① I am looking forward to hear from you
② I am looking forward to hearing from you
③ I am looking forward to hearing to you
④ I am looking forward to write from you
⑤ I am looking forward to writing from you

問7 本文の内容と同じになるように、次の英文の（　　）に入る表現として正しいものはどれですか。①〜⑤の中から、最も適当なものを選び、その番号をマークしなさい。
解答番号は 26 です。

The writer says that（　　　　　　）.

① her brother will be the store manager
② her brother will be the advertising manager
③ her brother will do the accounting
④ she will be the store manager
⑤ she will be the store manager and do the accounting

問8 本文の内容に合っているものはどれですか。①〜⑤の中から、最も適当なものを選び、その番号をマークしなさい。
解答番号は 27 です。

① Lucy is still working as a computer engineer.
② Lucy is writing a letter because she wants Ethan to know about the news of her new business.
③ Lucy will open her own store, so Clewiston doesn't have a sporting goods store.
④ Lucy is calmer than Mark.
⑤ Lucy's store is already open.

7 次の英文を読み、あとの問いに答えなさい。

Sleep is very important for the *brain. While we are *asleep, the brain *repairs itself. It also *stores information (1) during the day. If we do not get enough sleep, the brain cannot do these things. If we become (A), we cannot remember things so (B). Our body's *immune system, which is its *self-defence system, becomes weaker, so we are more *likely to get ill.

(2) because they are not *relaxed. They do not *exercise enough during the day, and in the evening they are still thinking about their work or studies. (3), they make phone calls or look at e-mail messages until late at night. They also have too many drinks which *contain caffeine, such as coffee, and eat dinner just before they go to bed. (4) (this / all / sleeping / of / bad / is / for).

Of course, it is important to be relaxed. (5), there are other things we can do to help us to get a good night's sleep. First of all, we should make sure that the bed is *comfortable. The *bedroom should be dark and quiet, so we are not *disturbed by light or *noise. We should also have the same (6) routine every evening before we go to bed. *Finally, we should try to go to bed at the same time every night. In this way, we will start to sleep better and feel more *active the next day.

(*Headway Academic Skills OXFORD* より)

*brain：脳　　*asleep：眠って　　*repairs itself：それ自体を修復する
*stores：保管する　　*immune system：免疫機構　　*self-defence：自己防衛
*likely to get ill：病気にかかりやすい　　*relaxed：くつろいだ
*exercise：運動する　　*contain caffeine：カフェインを含む　　*comfortable：快適な
*bedroom：寝室　　*disturbed：不安な　　*noise：騒音　　*Finally：最後に
*active：活動的な

問1　（　1　）に入る表現として正しいものはどれですか。①〜⑤の中から、最も適当なもの
を選び、その番号をマークしなさい。

解答番号は　28　です。

① that it learned
② that learned it
③ it that learned
④ it learned that
⑤ learned it that

問2　（　A　）（　B　）に入る語の正しい組み合わせはどれですか。①〜⑤の中から、最も
適当なものを選び、その番号をマークしなさい。

解答番号は　29　です。

① （　A　）→　tired　　　　（　B　）→　good
② （　A　）→　tired　　　　（　B　）→　well
③ （　A　）→　healthy　　（　B　）→　good
④ （　A　）→　healthy　　（　B　）→　well
⑤ （　A　）→　healthy　　（　B　）→　enough

問3　（　2　）に入る表現として正しいものはどれですか。①〜⑤の中から、最も適当なもの
を選び、その番号をマークしなさい。

解答番号は　30　です。

① Most people find difficult sleep
② Most people find sleep difficult
③ Sleep finds most people difficult
④ Sleep finds difficult most people
⑤ Most sleep find people difficult

問4　（　3　）に入る表現として正しいものはどれですか。①〜⑤の中から、最も適当なもの
　　　を選び、その番号をマークしなさい。

　　　解答番号は　31　です。

　　①　In return　　　　　　②　Of course　　　　　③　However

　　④　After a while　　　　⑤　In addition

問5　下線部（4）の語を意味の通るように並べかえた場合、3番目と5番目になるものの組み
　　　合わせとして正しいものはどれですか。①〜⑤の中から、最も適当なものを選び、その番
　　　号をマークしなさい。ただし、文頭に来る語も小文字になっているので注意すること。

　　　解答番号は　32　です。

　　①　3番目：this　　　／5番目：bad

　　②　3番目：this　　　／5番目：for

　　③　3番目：bad　　　／5番目：all

　　④　3番目：bad　　　／5番目：sleeping

　　⑤　3番目：bad　　　／5番目：for

問6　（　5　）に入る表現として正しいものはどれですか。①〜⑤の中から、最も適当なもの
　　　を選び、その番号をマークしなさい。

　　　解答番号は　33　です。

　　①　In return　　　　　　②　Of course　　　　　③　However

　　④　After a while　　　　⑤　In addition

問7　文脈から判断して、下線部（6）の単語の意味としてふさわしいものはどれですか。
　　　①〜⑤の中から、最も適当なものを選び、その番号をマークしなさい。

　　　解答番号は　34　です。

　　①　慣例　　　　②　注意　　　　③　必要性　　　　④　興味　　　　⑤　目的

問8　本文の表題としてふさわしいものはどれですか。①〜⑤の中から、最も適当なものを選び、その番号をマークしなさい。

解答番号は 35 です。

① Why do we sleep?
② What stops us sleeping?
③ What can we do?
④ The importance of sleep
⑤ The importance of brain

問9　本文の内容に合っているものはどれですか。①〜⑤の中から、最も適当なものを選び、その番号をマークしなさい。

解答番号は 36 です。

① After we become ill, our immune system will be weak.
② After people exercise enough during the day, they are always thinking about their work and studies in the evening.
③ The bedroom should be dark and quiet to get a good night's sleep.
④ We should do something different every evening before we go to bed.
⑤ We should not try to read a book or listen to music at the same time every night.

4 $a > 0$ とする。放物線 $y = ax^2$ と $y = -2ax^2$ があり，放物線 $y = ax^2$ は直線 $y = x$ と 2 点 $(0, 0)$，$(4, 4)$ で交わっている。放物線 $y = ax^2$ と直線 $y = x$ で囲まれる図形を S_1，放物線 $y = -2ax^2$ と直線 $y = x$ で囲まれる図形を S_2 とするとき，次の問いに答えなさい。

(1) $a = \dfrac{\boxed{ア}}{\boxed{イ}}$ である。

(2) S_1 と S_2 は相似である。S_1 の面積が $\dfrac{8}{3}$ であるとき，S_2 の面積は $\dfrac{\boxed{ウ}}{\boxed{エ}}$ である。

(3) S_1 に含まれる点（境界を含む）のうち，x 座標も y 座標も整数である点の個数は $\boxed{オ}$ 個である。

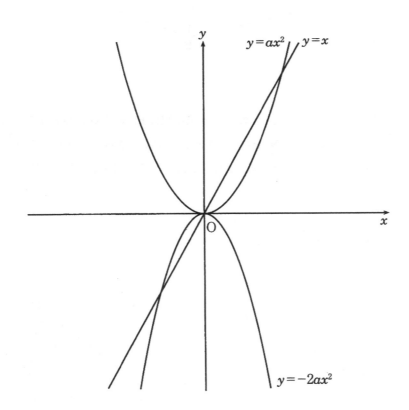

5 図のように，四面体 OABC がある。OA = 4 cm，OB = 2 cm，OC = 3 cm とし，点 O から平面 ABC におろした垂線と平面 ABC の交点を H とする。次の問いに答えなさい。

(1) HA = $\sqrt{15}$ cm のとき，HB = $\sqrt{\boxed{ア}}$ cm，HC = $\boxed{イ}\sqrt{\boxed{ウ}}$ cm である。

(2) △OAH，△OBH，△OCH を，直線 OH を回転の軸として 1 回転させてできる回転体の体積をそれぞれ V cm³，W cm³，X cm³ とするとき，

V : W : X = $\boxed{エ}\boxed{オ}$: $\boxed{カ}$: $\boxed{キ}$ である。

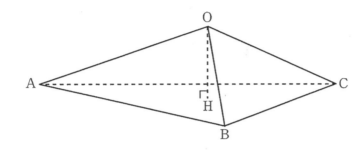

6 図のように，△ABC に対して，∠BAC の二等分線と線分 BC の交点を D とする。また，点 C を通り直線 AD に平行な直線と，直線 AB の交点を E とする。さらに，点 E から直線 BC におろした垂線と，直線 BC の交点を F とする。AB = 5 cm，AC = 3 cm のとき，次の問いに答えなさい。

(1) BD : DC = $\boxed{ア}$: $\boxed{イ}$ である。

(2) ∠BAD = 30°，BC = $\sqrt{19}$ cm のとき，

$$EF = \frac{\boxed{ウ}\boxed{エ}\sqrt{\boxed{オ}\boxed{カ}}}{\boxed{キ}\boxed{ク}}$$ cm である。

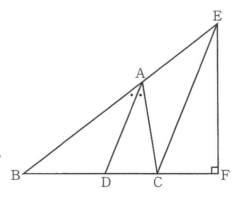

〈 計 算 用 紙 〉

第1時限　　数　学　（40分）

注　意

1　この試験は全問マークシート方式です。次の説明文を読み、まちがいのないように記入しなさい。

① 解答用紙にマークをするには、ＨＢまたはＢの黒鉛筆を使用しなさい。

② 「開始」の指示で、氏名欄に漢字で名前を書き、フリガナをカタカナでつけなさい。

③ 次に、受験番号を記入し、その下の欄に、右の例にならって正確にマークしなさい。

④ 問題用紙は1ページから4ページまであります。

⑤ 問題は1から5まであります。解答記入欄をまちがえないように、例にならって正確にマークしなさい。

⑥ **数学解答上の注意**

　　数学については、問題文中の ア 、 イ などの □ には、特に指示のない限り、数値または符号（－）が入ります。これらを次の方法で解答記入欄にマークしなさい。

　(1) ア・イ・ウ………の一つ一つは、それぞれ0から9までの数字または（－）のいずれか一つに対応します。それらをア・イ・ウ…で示された解答記入欄にマークします。

　　（例） ア イ に「－4」と答えるとき

　(2) 分数や無理数の形で解答が求められているときは、最も簡単な形で答えなさい。（－）の符号は分子につけ、分母につけてはいけません。

　　（例） ウ エ / オ に「－ 8/5 」と答えるとき

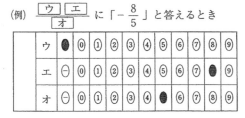

例

氏名欄の記入例

フリガナ	メイジョウ　タロウ
氏　名	名城　太郎

受験番号の記入例
「10310」
の場合⇨

受験番号				
1	0	3	1	0

マーク記入の例⇨

良い例	●
悪い例	⊘ ⊙ ❶

⑦ 訂正するときは、プラスチック製消しゴムでていねいに消し、消しくずをシート上に残さないこと。

⑧ 所定の記入欄以外には、何も記入しないこと。

⑨ 解答用紙をよごしたり折りまげたりしないこと。
　　解答用紙がよごれていたり、折り目があったりしたときは、試験の監督者に申し出なさい。

2　問題の内容についての質問には応じません。
　　印刷の文字が不鮮明なときは、静かに手をあげ、試験の監督者に聞きなさい。

3　答案を書き終わった人は、解答用紙を裏返しにして置きなさい。

4　「終了」の指示で、書くことをやめ、解答用紙と問題用紙を別々にして机の上に置きなさい。

　　　　　　　　　　　　　　　　　　　　　　（問題用紙は持ち帰ってください。）

〈 計 算 用 紙 〉

1 次の問いに答えなさい。

(1) $-2^2 \times (-0.2)^2 + \left(-\dfrac{2}{5}\right)^2 = \boxed{\text{ア}}$ である。

(2) 等式 $\sqrt{63} - \sqrt{m} = \sqrt{7}$ が成り立つような自然数 m の値は $\boxed{\text{イ}}\,\boxed{\text{ウ}}$ である。

(3) 連立方程式 $\begin{cases} 2x - y = -1 \\ (x-1):(y-5) = 2:3 \end{cases}$ を解くと，$x = \boxed{\text{エ}}$，$y = \boxed{\text{オ}}\,\boxed{\text{カ}}$ である。

(4) A さんは消費税が 8 ％のとき，1 冊 400 円（税抜き）の文庫本を毎年何冊か購入していたが，ある年から消費税が 10 ％に上がったため，年間に購入する文庫本の数を 5 冊減らした。その結果，年間に購入する文庫本の費用は 1,920 円安くなった。このとき，消費税が 8 ％のときの年間の文庫本の購入数は $\boxed{\text{キ}}\,\boxed{\text{ク}}$ 冊である。

2 図のように，AB = 4 cm，BC = 6 cm，CA = 7 cm である△ABC の 2 辺 BC，CA 上に，それぞれ AB∥QP となるような 2 点 P，Q をとる。AP と BQ の交点を R とし，∠BAP = ∠BCA であるとき，PR の長さは AR の長さの $\dfrac{\boxed{\text{ア}}}{\boxed{\text{イ}}}$ 倍である。

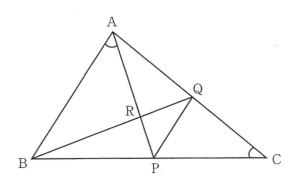

3 図のように，関数 $y = ax^2 \cdots$ ① と関数 $y = -x + 4 \cdots$ ② がある。①は，x の変域が $-4 \leqq x \leqq 2$ のとき，y の変域が $0 \leqq y \leqq 8$ である。また，関数①と②は2点 A，B で交わり，②は x 軸と点 C で交わる。このとき，次の問いに答えなさい。

(1) $a = \dfrac{\boxed{ア}}{\boxed{イ}}$ である。

(2) 点 A の座標は（$\boxed{ウ}\ \boxed{エ}$, $\boxed{オ}$）である。

(3) x 軸上に点 P をとり，その x 座標を t（$t < 4$）とするとき，△APB と△BPC の面積比は，$\boxed{カ}$: $\boxed{キ}$ である。

また，△APB の周の長さが最も小さくなるのは，$t = \dfrac{\boxed{ク}}{\boxed{ケ}}$ のときである。

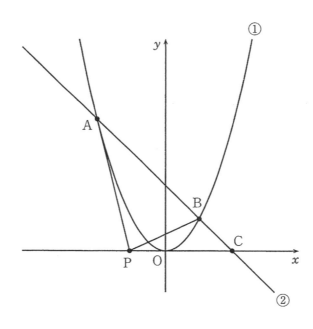

第４時限　英　語　(40分)

―――――――――――――　注　　意　―――――――――――――

1　この試験は全問マークシート方式です。次の説明文を読み、まちがいのないように記入しなさい。

①　解答用紙にマークをするには、ＨＢまたはＢの黒鉛筆を使用しなさい。

②　「開始」の指示で、氏名欄に漢字で名前を書き、フリガナをカタカナでつけなさい。

③　次に、受験番号を記入し、その下の欄に、右の例にならって正確にマークしなさい。

④　問題用紙は１ページから14ページまであります。

⑤　問題は１から８まであります。
　　解答番号は 1 から 38 まであります。解答記入欄をまちがえないように、例にならって正確にマークしなさい。

⑥　訂正するときは、プラスチック製消しゴムでていねいに消し、消しくずをシート上に残さないこと。

⑦　所定の記入欄以外には、何も記入しないこと。

⑧　解答用紙をよごしたり折りまげたりしないこと。
　　解答用紙がよごれていたり、折り目があったりしたときは、試験の監督者に申し出なさい。

2　問題の内容についての質問には応じません。
　　印刷の文字が不鮮明なときは、静かに手をあげ、試験の監督者に聞きなさい。

3　答案を書き終わった人は、解答用紙を裏返しにして置きなさい。

4　「終了」の指示で、書くことをやめ、解答用紙と問題用紙を別々にして机の上に置きなさい。
　　　　　　　　　　　　（問題用紙は持ち帰ってください。）

例

氏名欄の記入例

フリガナ	メイジョウ　タロウ
氏　名	名　城　太　郎

受験番号の記入例
「10310」
の場合⇨

受験番号				
1	0	3	1	0
●	⓪	⓪	●	⓪
●	①	①	●	①
②	②	②	②	②
③	③	●	③	③
④	④	④	④	④
⑤	⑤	⑤	⑤	⑤
⑥	⑥	⑥	⑥	⑥
⑦	⑦	⑦	⑦	⑦
⑧	⑧	⑧	⑧	⑧
⑨	⑨	⑨	⑨	⑨

マーク記入の例⇨

良い例	●
	⊘
悪い例	⊙
	◑

1　次の各語の組み合わせについて、下線部の発音がすべて同じものはどれですか。①～⑩の中から、適当なものを二つ選び、その番号をマークしなさい。ただし解答は①～⑩の順に記入しなさい。

解答番号は　1　　2　です。

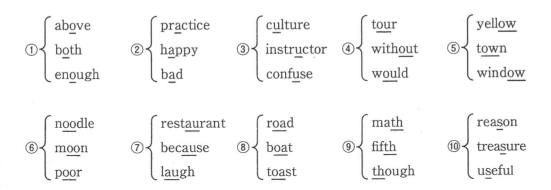

①{ above / both / enough }　②{ practice / happy / bad }　③{ culture / instructor / confuse }　④{ tour / without / would }　⑤{ yellow / town / window }

⑥{ noodle / moon / poor }　⑦{ restaurant / because / laugh }　⑧{ road / boat / toast }　⑨{ math / fifth / though }　⑩{ reason / treasure / useful }

2　次の各語について、下線部を最も強く読むものはどれですか。①～⑩の中から、適当なものを二つ選び、その番号をマークしなさい。ただし、解答は①～⑩の順に記入しなさい。

解答番号は　3　　4　です。

①　breakfast　　　②　convenience　　　③　fluently
④　understand　　　⑤　information　　　⑥　afternoon
⑦　delicious　　　⑧　university　　　⑨　volunteer
⑩　tomorrow

3 次の英文について、（　　）に入る語（句）はどれですか。①～⑤の中から、最も適当なものを選び、それぞれその番号をマークしなさい。

問1　Young people should not sit in priority seats（　　）they're not for them.
　　　解答番号は　5　です。

　　　① but　　　② though　　　③ after　　　④ or　　　⑤ because

問2　You should learn how to use（　　）first, and then use electronic ones.
　　　解答番号は　6　です。

　　　① printing dictionaries　　　② dictionaries printing
　　　③ to print dictionaries　　　④ dictionaries printed
　　　⑤ printed dictionaries

問3　"How（　　）do the trains come?" "They come every ten minutes."
　　　解答番号は　7　です。

　　　① much　　　② many　　　③ to　　　④ often　　　⑤ about

問4　I enjoyed（　　）with my friends at night.
　　　解答番号は　8　です。

　　　① was talking　　　② to talk　　　③ talked
　　　④ talking　　　　⑤ was talked

問5　Tim（　　）the singer since he heard her first song on TV.
　　　解答番号は　9　です。

　　　① has loved　　　② was loving　　　③ love
　　　④ loved　　　　⑤ is loved

4　次の各日本文に合うように語（句）を並べかえた場合、（　　）内での順番が【　　】に指定されたものの組み合わせとして正しいものはどれですか。①〜⑤の中から、最も適当なものを選び、それぞれその番号をマークしなさい。ただし、文頭になるものも小文字で記してあります。

（例）　私はサッカーチームのメンバーです。【2番目と4番目】

I'm (the football / a / team / of / member).

→ I'm (a member of the football team).

2番目：member ／ 4番目：the football

問1　彼らの次のコンサートがいつあるのかわかりません。【3番目と5番目】
　　　解答番号は　10　です。

I (hold / when / will / know / they / don't / their next concert).

①　3番目：they　　／5番目：will
②　3番目：when　　／5番目：they
③　3番目：will　　／5番目：hold
④　3番目：when　　／5番目：will
⑤　3番目：they　　／5番目：hold

問2　私にとって「節分」を英語で説明するのは難しかった。【3番目と6番目】
　　　解答番号は　11　です。

It (in English / "*setsubun*" / difficult / me / was / for / explain / to).

①　3番目：to　　　／6番目：me
②　3番目：for　　／6番目：explain
③　3番目：for　　／6番目：to
④　3番目：to　　　／6番目："*setsubun*"
⑤　3番目：for　　／6番目："*setsubun*"

問3　「アナと雪の女王 ("Frozen")」は今までみた中で一番良い映画です。【2番目と4番目】

解答番号は □12□ です。

"Frozen" is (I've / movie / ever / best / watched / the).

① 　2番目：best 　　／ 4番目：watched

② 　2番目：ever 　　／ 4番目：the

③ 　2番目：movie 　　／ 4番目：ever

④ 　2番目：best 　　／ 4番目：I've

⑤ 　2番目：movie 　　／ 4番目：best

問4　彼に電話をかけ直させましょうか。【2番目と5番目】

解答番号は □13□ です。

Do you (back / call / him / you / want / to)?

① 　2番目：you 　　／ 5番目：him

② 　2番目：him 　　／ 5番目：you

③ 　2番目：to 　　／ 5番目：back

④ 　2番目：to 　　／ 5番目：you

⑤ 　2番目：him 　　／ 5番目：back

問5　ケンのコンピュータは私のほど古くはありません。【4番目と6番目】

解答番号は □14□ です。

(mine / Ken's / not as / computer / is / as / old).

① 　4番目：not as 　　／ 6番目：as

② 　4番目：as 　　／ 6番目：not as

③ 　4番目：is 　　／ 6番目：not as

④ 　4番目：not as 　　／ 6番目：mine

⑤ 　4番目：old 　　／ 6番目：as

5 次の対話文の（ A ）～（ F ）に入る表現はどれですか。①～⑩の中から、最も適当なものを選び、それぞれその番号をマークしなさい。ただし各番号は一度しか使えません。

（ A ）の解答番号は ┃ 15 ┃ です。　（ B ）の解答番号は ┃ 16 ┃ です。
（ C ）の解答番号は ┃ 17 ┃ です。　（ D ）の解答番号は ┃ 18 ┃ です。
（ E ）の解答番号は ┃ 19 ┃ です。　（ F ）の解答番号は ┃ 20 ┃ です。

A : Did you go to see a soccer game at Kokuritsu-kyogijo last night?

B :（ A ）

A :（ B ）

B : No, they didn't. It made me sad, but we enjoyed the game.

A :（ C ）

B : Of course. Kokuritsu-kyogijo is very big. It was used as the main stadium for the Tokyo Olympics.

A :（ D ）

B : They were held in 1964. So the stadium is about fifty years old.

A :（ E ）

B : It will be built in 2020. The next Tokyo Olympics will be held in that year.

A :（ F ）

①　When was it built?

②　I hear new Kokuritsu-kyogijo will be built. When will it be built?

③　Yes! It was an exciting game.

④　When were the Tokyo Olympics held?

⑤　Yes, I did. But my favorite team lost.

⑥　Did your favorite team win?

⑦　I'm sorry to hear that.

⑧　I'm looking forward to seeing the new stadium and the next Olympics.

⑨　Were there many people?

⑩　When will the next Tokyo Olympics be held?

*Jenny and Robert Slater were on holiday in America. They were young and it was their first time away from home in England. They had a car and visited many famous and interesting places.

"I want to see New York," Jenny said one morning. "Let's go there."

"*Mmm, I don't know, *love. Everybody says New York's a dangerous place and there are a lot of very *strange people there," her husband *answered.

"We'll be careful," said Jenny. "(1)"
So they *arrived in New York early in the evening and found a hotel. Later they went out and drove round the streets. They didn't have any problems. "See," Jenny said. "*Nothing to be afraid of."

They had dinner in a good restaurant and then went to a *cinema. They arrived back at their hotel at *midnight. *Under the hotel was a *garage so they drove into it and left their car. It was quite dark there and they couldn't see well.

"Where's the *lift?" Jenney asked.

"Over there, I think, near the door," Robert answered. "Come on, let's go. I don't like (2) this dark place."

Suddenly they saw a very tall young man (A) a big black dog. They were *nervous and walked *past him *as fast as they could to the lift. The door of the lift opened and Jenny and Robert got in. *Before the doors closed, the man and the dog jumped in – (B) people and (C) big black dog in the lift.

"On the floor, Girl!" the tall man said. Jenny and Robert were afraid now, so they quickly got down on the floor. When the lift stopped at the next floor, they stood up, gave the man (3) and got out fast.

"That man was a *robber! *Perhaps he had a *gun...   It's dangerous here!" Robert said. "We're going to leave New York now!"

"Yes, you're right." Jenny answered. "There are some (4) people in New York."

First thing next morning they took their room *key to the *desk and gave it to the woman. "There's nothing to *pay, Mr. Slater," she said. "A tall young man (A) a nice dog came to the desk late last night and *paid for your room. Oh, wait a minute – he left this for you, too." She gave Robert an *envelope.

He opened it carefully and took out a letter. They (5) read it together: 'Here's your money and I'm very sorry you were afraid in the lift last night. "Girl" is the name of my dog.'

（*STRANGER THAN FICTION URBAN MYTHS by Phil Healey and Rick Glanville* より）

---

*Jenny and Robert Slater：人名　　*Mmm：（ものを言う前の）う〜ん

*love：（呼びかけ）ねえ　　*strange：奇妙な　　*answered：答えた

*arrived：到着した　　*Nothing to be afraid of.：心配することなかったわ。

*cinema = movie　　*midnight：真夜中

*Under the hotel was a *garage = A garage was under the hotel　　*garage：駐車場

*lift：エレベーター　　*nervous：不安な　　*past：〜を通り過ぎて

*as fast as they could：できるだけ速く　　*Before the doors closed：ドアが閉まる前に

*robber：泥棒　　*Perhaps：多分　　*gun：銃　　*key：鍵[かぎ]

*desk：ホテルの受付　　*pay：支払う　　*paid：pay の過去形　　*envelope：封筒

問1　（　1　）に入る表現として正しいものはどれですか。①〜⑤の中から、最も適当なものを選び、その番号をマークしなさい。

解答番号は　21　です。

① Then we will have some problems.

② Then we won't have any problems.

③ If we are careful, we will have some problems.

④ But I don't want to go there.

⑤ But you don't have to be careful.

問2　下線部（2）が具体的にさすものはどれですか。①〜⑤の中から、最も適当なものを選び、その番号をマークしなさい。

解答番号は　22　です。

① a garage　② a hotel　③ a cinema　④ a lift　⑤ a restaurant

名城大学附属高等学校

記入方法

1. 記入は、必ずHBの黒鉛筆で、◯の中を正確に、ぬりつぶしてください。
2. 訂正は、プラスチック製消しゴムできれいに消してください。
3. 受験番号は、数字を記入してから間違いのないようにマークしてください。
4. 解答用紙を、折り曲げたり、汚したりしないでください。

	良い例	●
	悪い例	∅ ⊙ ▯

解 答 記 入 欄
① ② ③ ④ ⑤ ⑥ ⑦ ⑧ ⑨
① ② ③ ④ ⑤ ⑥ ⑦ ⑧ ⑨
① ② ③ ④ ⑤ ⑥ ⑦ ⑧ ⑨
① ② ③ ④ ⑤ ⑥ ⑦ ⑧ ⑨
① ② ③ ④ ⑤ ⑥ ⑦ ⑧ ⑨
① ② ③ ④ ⑤ ⑥ ⑦ ⑧ ⑨
① ② ③ ④ ⑤ ⑥ ⑦ ⑧ ⑨
① ② ③ ④ ⑤ ⑥ ⑦ ⑧ ⑨
① ② ③ ④ ⑤ ⑥ ⑦ ⑧ ⑨

解 答 記 入 欄
① ② ③ ④ ⑤ ⑥ ⑦ ⑧ ⑨
① ② ③ ④ ⑤ ⑥ ⑦ ⑧ ⑨
① ② ③ ④ ⑤ ⑥ ⑦ ⑧ ⑨
① ② ③ ④ ⑤ ⑥ ⑦ ⑧ ⑨
① ② ③ ④ ⑤ ⑥ ⑦ ⑧ ⑨
① ② ③ ④ ⑤ ⑥ ⑦ ⑧ ⑨
① ② ③ ④ ⑤ ⑥ ⑦ ⑧ ⑨
① ② ③ ④ ⑤ ⑥ ⑦ ⑧ ⑨

5		解 答 記 入 欄
(1)	ア	⊖ ⓪ ① ② ③ ④ ⑤ ⑥ ⑦ ⑧ ⑨
	イ	⊖ ⓪ ① ② ③ ④ ⑤ ⑥ ⑦ ⑧ ⑨
	ウ	⊖ ⓪ ① ② ③ ④ ⑤ ⑥ ⑦ ⑧ ⑨
(2)	エ	⊖ ⓪ ① ② ③ ④ ⑤ ⑥ ⑦ ⑧ ⑨
	オ	⊖ ⓪ ① ② ③ ④ ⑤ ⑥ ⑦ ⑧ ⑨
	カ	⊖ ⓪ ① ② ③ ④ ⑤ ⑥ ⑦ ⑧ ⑨

名城大学附属高等学校

記入方法

1. 記入は、必ずHBの黒鉛筆で、◯の中を正確に、ぬりつぶしてください。
2. 訂正は、プラスチック製消しゴムできれいに消してください。
3. 受験番号は、数字を記入してから間違いのないようにマークしてください。
4. 解答用紙を、折り曲げたり、汚したりしないでください。

良い例	●
悪い例	⊘ ⊙ ❘

解 答 記 入 欄
② ③ ④ ⑤ ⑥ ⑦ ⑧ ⑨ ⑩
② ③ ④ ⑤ ⑥ ⑦ ⑧ ⑨ ⑩
② ③ ④ ⑤ ⑥ ⑦ ⑧ ⑨ ⑩
② ③ ④ ⑤ ⑥ ⑦ ⑧ ⑨ ⑩
② ③ ④ ⑤ ⑥ ⑦ ⑧ ⑨ ⑩
② ③ ④ ⑤ ⑥ ⑦ ⑧ ⑨ ⑩

解 答 記 入 欄
② ③ ④ ⑤
② ③ ④ ⑤
② ③ ④ ⑤
② ③ ④ ⑤
② ③ ④ ⑤
② ③ ④ ⑤
② ③ ④ ⑤
② ③ ④ ⑤ ⑥ ⑦ ⑧ ⑨ ⑩
② ③ ④ ⑤ ⑥ ⑦ ⑧ ⑨ ⑩

7		解 答 記 入 欄				
問1	30	①	②	③	④	⑤
問2	31	①	②	③	④	⑤
問3	32	①	②	③	④	⑤
問4	33	①	②	③	④	⑤
問5	34	①	②	③	④	⑤
8		解 答 記 入 欄				
問1	35	①	②	③	④	⑤
問2	36	①	②	③	④	⑤
問3	37	①	②	③	④	⑤
問4	38	①	②	③	④	⑤

名城大学附属高等学校

平成27年度　　　英　語　解　答　用　紙

H27. 名城大学附属高
Ｋ 教英出版

学校使用欄

受験番号

受験生はマークしないでください

※100点満点
（配点非公表）

1		解 答 記 入 欄
	1	① ② ③ ④ ⑤ ⑥ ⑦ ⑧ ⑨ ⑩
	2	① ② ③ ④ ⑤ ⑥ ⑦ ⑧ ⑨ ⑩

2		解 答 記 入 欄
	3	① ② ③ ④ ⑤ ⑥ ⑦ ⑧ ⑨ ⑩
	4	① ② ③ ④ ⑤ ⑥ ⑦ ⑧ ⑨ ⑩

3		解 答 記 入 欄
問1	5	① ② ③ ④ ⑤
問2	6	① ② ③ ④ ⑤
問3	7	① ② ③ ④ ⑤
問4	8	① ② ③ ④ ⑤
問5	9	① ② ③ ④ ⑤

4		解 答 記 入 欄
問1	10	① ② ③ ④ ⑤
問2	11	① ② ③ ④ ⑤
問3	12	① ② ③ ④ ⑤
問4	13	① ② ③ ④ ⑤
問5	14	① ② ③ ④ ⑤

5

6

問1
問2
問3
問4
問5
問6
問7
問8

【解答

平成27年度　**数　学　解　答　用　紙**

学校使用欄 ● (大) 受験生はマークしないでください

受験番号			
⓪	⓪	⓪	⓪
①	①	①	①
②	②	②	②
③	③	③	③
④	④	④	④
⑤	⑤	⑤	⑤
⑥	⑥	⑥	⑥
⑦	⑦	⑦	⑦
⑧	⑧	⑧	⑧
⑨	⑨	⑨	⑨

※**100点満点**
（配点非公表）

フリガナ	
氏　名	

1		解　答　記　入　欄
(1)	ア	(−) ⓪ ① ② ③ ④ ⑤ ⑥ ⑦ ⑧ ⑨
(2)	イ	(−) ⓪ ① ② ③ ④ ⑤ ⑥ ⑦ ⑧ ⑨
	ウ	(−) ⓪ ① ② ③ ④ ⑤ ⑥ ⑦ ⑧ ⑨
(3)	エ	(−) ⓪ ① ② ③ ④ ⑤ ⑥ ⑦ ⑧ ⑨
	オ	(−) ⓪ ① ② ③ ④ ⑤ ⑥ ⑦ ⑧ ⑨
	カ	(−) ⓪ ① ② ③ ④ ⑤ ⑥ ⑦ ⑧ ⑨
(4)	キ	(−) ⓪ ① ② ③ ④ ⑤ ⑥ ⑦ ⑧ ⑨
	ク	(−) ⓪ ① ② ③ ④ ⑤ ⑥ ⑦ ⑧ ⑨

2		解　答　記　入　欄
	ア	(−) ⓪ ① ② ③ ④ ⑤ ⑥ ⑦ ⑧ ⑨
	イ	(−) ⓪ ① ② ③ ④ ⑤ ⑥ ⑦ ⑧ ⑨

3
(1)
(2)
(3)

4
(1)
(2)
(3)

Ⓚ教英出版

【解答

問3　2カ所ある（　A　）に共通して入る語はどれですか。①〜⑤の中から、最も適当なものを選び、その番号をマークしなさい。

解答番号は　23　です。

① in　　　　　　② with　　　　　③ of　　　　　　④ at　　　　　　⑤ without

問4　（　B　）（　C　）に入る語の正しい組み合わせはどれですか。①〜⑤の中から、最も適当なものを選び、その番号をマークしなさい。

解答番号は　24　です。

①　（　B　）→　two　　　　（　C　）→　two
②　（　B　）→　four　　　　（　C　）→　one
③　（　B　）→　three　　　（　C　）→　one
④　（　B　）→　three　　　（　C　）→　two
⑤　（　B　）→　two　　　　（　C　）→　one

問5　（　3　）に入る語句はどれですか。①〜⑤の中から、最も適当なものを選び、その番号をマークしなさい。

解答番号は　25　です。

① their car　　　　　　② a letter　　　　　　③ a big black dog
④ all their money　　　⑤ some problems

問6　（　4　）に入る語はどれですか。①〜⑤の中から、最も適当なものを選び、その番号をマークしなさい。

解答番号は　26　です。

① famous　　　　　　② dangerous　　　　　③ tall
④ careful　　　　　　⑤ interesting

問7　下線部 (5) の (-ea-) の発音と同じ発音を含むものはどれですか。①〜⑤の中から、最も適当なものを選び、その番号をマークしなさい。

解答番号は 27 です。

① team　　② weak　　③ appear　　④ early　　⑤ weather

問8　本文の内容に合っているものはどれですか。①〜⑩の中から、適当なものを二つ選び、その番号をマークしなさい。ただし、解答は①〜⑩の順に記入しなさい。

解答番号は 28 29 です。

① The clerk of the hotel paid for Jenny and Robert's room.
② Jenny and Robert have never been to England.
③ A tall young man told his dog to get down on the floor.
④ A tall young man stole all the money from Jenny and Robert.
⑤ In New York, Jenny and Robert had a good lunch and then went to a movie.
⑥ A tall young man was a kind person, and gave some money to the clerk in return.
⑦ Jenny and Robert arrived in New York late at night, so they couldn't find a hotel.
⑧ Jenny and Robert received a letter written by a tall young man.
⑨ A tall young man's name was "Girl", and his job was a waiter.
⑩ Jenny and Robert got in the lift after a tall young man and his dog.

7 英文を読み、あとの問いに答えなさい。なお、英文中の⑦〜⊆は並べかえてあります。

Look up at the sky at night. What can you see? Before *electric lights, people could often see about 2,500 different stars. Now, light *fills the skies over our cities. (1) This is called light *pollution.

Most of *the time, light helps us. We can see *because of it. It gives *plants *energy. But light *isn't always good. We need times of *dark to rest. One hundred years ago, we had those times of dark. Now the night is like *day. Some *scientists *are worried about how this light affects our health. These scientists are studying the *effects of light pollution.

Other scientists are finding ways (2) to stop light pollution and make our lives better.

⑦　They also save energy.

④　For example, many *streetlights now have *covers.

⑨　They stop the light from going up into the sky.

⊆　The covers *focus the light *toward the ground.

The covers are a small change, but they can still have *a positive effect.

(Reading ADVENTURES 1, NATIONAL GEOGRAPHIC より)

---

*electric：電気の　　*fills：〜を満たす　　*pollution：汚染　　*the time：現代

*because of 〜：〜が原因で　　*plants：植物　　*energy：エネルギー

*isn't always 〜：常に〜とは限らない　　*dark：暗闇　　*day：昼間

*scientists：科学者

*are worried about how this light affects our health：このあかりが我々の健康にどのように影響を与えるかについて心配している

*effects：影響　　*streetlights：街灯　　*covers：覆い　　*focus：集める

*toward 〜：〜に向けて　　*a positive effect：よい影響

問1　次の英文を本文中に挿入する場合、挿入する直前の3語として正しいものはどれですか。
①～⑤の中から、最も適当なものを選び、その番号をマークしなさい。

解答番号は 30 です。

挿入する文 → Because of it, people in cities can often only see about ten stars!

① sky at night　　② 2,500 different stars　　③ called light pollution

④ light helps us　　⑤ dark to rest

問2　下線部 (1) が具体的にさすものはどれですか。①～⑤の中から、最も適当なものを選び、その番号をマークしなさい。

解答番号は 31 です。

① our cities　　　　② light fills the skies over our cities

③ 2,500 different stars　　④ people could often see stars

⑤ light from stars

問3　下線部 (2) と同じ働きの「to ＋動詞の原形」を含む英文はどれですか。①～⑤の中から、最も適当なものを選び、その番号をマークしなさい。

解答番号は 32 です。

① I want to use English in my future job.

② I am glad to hear that.

③ I know how to get tickets.

④ I have many things to learn.

⑤ I don't have to speak English here.

問4 ㋐～㋓の英文を意味が通るように並べかえる場合、正しいものはどれですか。①～⑤の中から、最も適当なものを選び、その番号をマークしなさい。

解答番号は 33 です。

① ㋐ → ㋑ → ㋒ → ㋓　　　② ㋓ → ㋐ → ㋒ → ㋑

③ ㋐ → ㋓ → ㋒ → ㋑　　　④ ㋓ → ㋑ → ㋒ → ㋐

⑤ ㋑ → ㋓ → ㋒ → ㋐

問5 本文の内容に合っているものはどれですか。①～⑤の中から、最も適当なものを選び、その番号をマークしなさい。

解答番号は 34 です。

① Some scientists try to make people's lives better.

② Some scientists think people should not use lights.

③ Some scientists think light pollution doesn't hurt plants.

④ Some scientists think big changes are more important than small changes.

⑤ Some scientists try to make the night bright.

8 英文を読み、あとの問いに答えなさい。

Do you think bears know who their brothers and sisters are? Do you think they love them *in the same way people do?

Every summer, bears eat a lot of *salmon. The *grizzlies stand in the water and use their front legs to feel the river *bottom. Then they feel a salmon, they catch it with their feet, and then *grab it with their *teeth.

One young grizzly was having trouble. A *hunter *killed his mother and also *shot the *cub in the leg, so he could not *fish. He tried and tried, but he never (1) any salmon.

*Stacy Corbin, a *fishing guide in Alaska, worried about the cub – until (2) he *saw the cub's sister catch six salmon and put them near her brother's feet. *While other cubs *hunted alone, the sister stayed and *looked after her brother. "She *fed him for weeks," says Corbin. Because of her, he lived. That really is love!

(Reading ADVENTURES 1, NATIONAL GEOGRAPHIC より)

---

*in the same way people do：人がするのと同じ方法で   *salmon：鮭[さけ]

*grizzlies（grizzly）：北米などに生息する熊   *bottom：底   *grab：つかむ

*teeth：歯   *hunter：猟師   *killed：殺した   *shot：撃った   *cub：子熊

*fish：魚をとる   *Stacy Corbin：人名

*fishing guide：釣りをするときアドバイスをくれる人

*saw the cub's sister catch 〜：子熊の姉が〜を捕まえるのを見た

*While 〜 ,…：〜だが一方 ,…   *hunted alone：ひとりで狩りをした

*looked after：〜の面倒を見た   *fed：養った

問1 (1) に入る正しいものはどれですか。①〜⑤の中から、最も適当なものを選び、その番号をマークしなさい。

解答番号は ☐35☐ です。

① catch   ② catches   ③ will catch

④ caught   ⑤ was caught

問2　下線部 (2) が具体的にさすものは何ですか。①～⑤の中から、最も適当なものを選び、

その番号をマークしなさい。

解答番号は　36　です。

① a hunter　　　　② Stacy Corbin　　　③ the cub

④ the cub's brother　　⑤ the cub's father

問3　下の英文は本文の内容を言い換えたものです。（　　）に入るものはどれですか。①～

⑤の中から、最も適当なものを選び、その番号をマークしなさい。

解答番号は　37　です。

The cub's sister helped him, so (　　　　　　).

① he couldn't catch fish　　　　② he didn't die

③ Stacy Corbin thought he had trouble　　④ she died

⑤ he caught six salmon

問4　本文の内容に合っているものはどれですか。①～⑤の中から、最も適当なものを選び、

その番号をマークしなさい。

解答番号は　38　です。

① Bears eat a lot of salmon in summer, but they don't eat other fish.

② Bears swim with their legs in the river, and catch salmon with their teeth.

③ A young bear's mother was killed by a hunter, so the bear had trouble.

④ When a young bear tried to eat fish, he injured his teeth.

⑤ Stacy Corbin put six salmon near a young bear's feet.

4 図のように，底面は 1 辺が 6 cm の正方形で，側面は正三角形である正四角錐 O – ABCD がある。2 点 P，Q はそれぞれ辺 OA，OB 上の点で OP = OQ = 2 cm，2 点 R，S はそれぞれ辺 OC，OD 上の点で OR = OS = 4 cm である。このとき，次の問いに答えなさい。

(1) 線分 QR の長さは，$\boxed{\text{ア}}\sqrt{\boxed{\text{イ}}}$ cm である。

(2) 四角形 PQRS の面積は，$\boxed{\text{ウ}}\sqrt{\boxed{\text{エ}}\boxed{\text{オ}}}$ cm² である。

(3) 正四角錐 O – ABCD の体積は，$\boxed{\text{カ}}\boxed{\text{キ}}\sqrt{\boxed{\text{ク}}}$ cm³ である。

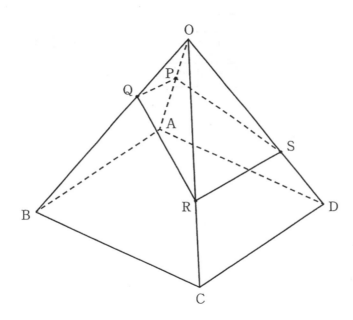

5 図のように，赤玉 2 個と白玉 2 個が入った袋がある。赤玉には 2 と 7 の数字が書かれており，白玉には 2 と 6 の数字が書かれている。この袋から玉を 1 個取り出して色や数字を調べ，それを袋に戻してから，また玉を 1 個取り出す。そして，次のように得点をつける。

・1 回目に取り出した玉の色が赤のとき，1 回目の数字と 2 回目の数字の和を得点とする。
・1 回目に取り出した玉の色が白のとき，1 回目の数字と 2 回目の数字の積を得点とする。

このとき，次の問いに答えなさい。

(1) 得点が素数になる確率は，$\dfrac{\boxed{ア}}{\boxed{イ}\,\boxed{ウ}}$ である。

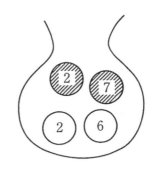

(2) 得点が 4 の倍数になる確率は，$\dfrac{\boxed{エ}}{\boxed{オ}\,\boxed{カ}}$ である。

〈計 算 用 紙〉

平成26年度　名城大学附属高等学校一般入学試験　問題

第1時限　　数　学　（40分）

────────────── 注　　意 ──────────────

1　この試験は全問マークシート方式です。次の説明文を読み、まちがいのないように記入しなさい。

① 解答シートにマークをするには、ＨＢまたはＢの黒鉛筆を使用しなさい。

② 「開始」の指示で、まず左端上の氏名欄に漢字で名前を書き、フリガナをカタカナでつけなさい。

③ 次に、受験番号を記入し、その下の欄に、右の例にならって正確にマークしなさい。

④ 問題は1ページから4ページまであります。

⑤ 問題は ① から ⑤ まであります。解答箇所をまちがえないように、例にならって正確にマークしなさい。

⑥ **数学解答上の注意**

数学については、問題文中の ア 、 イ などの □ には、特に指示のない限り、数値または符号（－）が入ります。これらを次の方法で解答記入欄にマークしなさい。

(1) ア・イ・ウ………の一つ一つは、それぞれ0から9までの数字、または（－）のいずれか一つに対応します。それらをア・イ・ウ…で示された解答欄にマークします。

（例） ア イ に「－4」と答えるとき

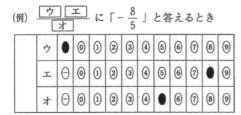

(2) 分数形で解答が求められているときは、もっとも簡単な分数で答えなさい。符号は分子につけ、分母につけてはいけません。

（例） ウ エ / オ に「－ 8/5 」と答えるとき

⑦ 訂正するときは、プラスチック製消しゴムでていねいに消し、消しくずをシート上に残さないこと。

⑧ 所定の記入欄以外には、何も記入しないこと。

⑨ 解答シートを、よごしたり折りまげたりしないこと。

　　（もし、解答シートがよごれていたり、折り目があったりしたときは、試験の監督者に申し出なさい。）

2　問題の内容についての質問には応じません。

　　（印刷の文字が不鮮明なときは、静かに手をあげ、試験の監督者に聞きなさい。）

3　答案を書き終わった人は、解答シートを裏返しにして置きなさい。

4　「終了」の指示で、書くことをやめ、解答シートと問題用紙を別々にして机の上に置きなさい。

（問題用紙は持ち帰ってください。）

── 例 ──

氏名欄の記入例

フリガナ	メイジョウ　タロウ
氏　名	名城　　太郎

受験番号の記入例

「10310」の場合⇨

受験番号				
1	0	3	1	0

マーク記入の例⇨

良い例	●
悪い例	⊘
	⊙
	◑

$\boxed{1}$　次の問いに答えなさい。

(1)　$(x-3)^2 + 3(x-3) - 40 = \left(x + \boxed{\text{ア}}\right)\left(x - \boxed{\text{イ}}\right)$ である。

(2)　$\dfrac{1}{\sqrt{2}} + \dfrac{1}{\sqrt{3}} + \dfrac{1}{\sqrt{8}} - \dfrac{2}{\sqrt{12}} = \dfrac{\boxed{\text{ウ}}\sqrt{\boxed{\text{エ}}}}{\boxed{\text{オ}}}$ である。

(3)　$\left(\dfrac{1}{3}x^2 y^4\right)^2 \div \dfrac{3y^3}{2x} \times \left(-\dfrac{9}{8x^3 y^3}\right) = \dfrac{\boxed{\text{カ}}\boxed{\text{キ}}}{\boxed{\text{ク}}\boxed{\text{ケ}}}x^{\boxed{\text{コ}}}y^{\boxed{\text{サ}}}$ である。

(4)　$101^2 - 99^2 = 2^{\boxed{\text{シ}}} \times 5^{\boxed{\text{ス}}}$ である。

(5)　$2x^2 - 6x + 1 = 0$ を解くと $x = \dfrac{\boxed{\text{セ}} \pm \sqrt{\boxed{\text{ソ}}}}{\boxed{\text{タ}}}$ である。

(6)　y は x に反比例し，$x = 3$ のとき $y = -2$ となる。$x = 18$ のとき $y = \dfrac{\boxed{\text{チ}}\boxed{\text{ツ}}}{\boxed{\text{テ}}}$ である。

(7)　下図において，$x = \boxed{\text{ト}}\boxed{\text{ナ}}^\circ$ である。

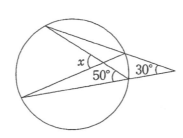

(8) 下図において，$a + b + c + d + e + f + g + h + i + j + k + l = $ [ニ][ヌ][ネ]°
である。

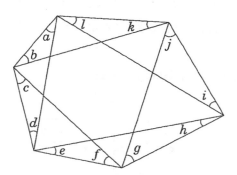

---

[2] たかし君，さとし君，まさし君の３人でじゃんけんを１回行うとき，次の問いに答えなさい。

(1) 手の出し方は [ア][イ] 通りある。

(2) 勝者が１人もいない確率は $\dfrac{[ウ]}{[エ]}$ である。

3 $24\,\mathrm{m}^3$ の水が入っている水そう P と $18\,\mathrm{m}^3$ の水が入っている水そう Q がある。P, Q の水そうに毎分 $x\,\mathrm{m}^3$ の割合で水を入れ, 同時に水そうからポンプで水をくみ出すとする。P の水そうは 2 台のポンプを用いると 12 分間で空になり, Q の水そうは 3 台のポンプを用いると 5 分間で空になった。どのポンプも毎分 $y\,\mathrm{m}^3$ の割合で水をくみ出すとき, 以下の問いに答えなさい。

(1) 水そう P において, x と y の関係式は $y = \dfrac{\boxed{ア}}{\boxed{イ}}x + \boxed{ウ}$ である。

(2) $x,\ y$ の値をそれぞれ求めると, $x = \dfrac{\boxed{エ}}{\boxed{オ}}$　　$y = \dfrac{\boxed{カ}}{\boxed{キ}}$ である。

4 放物線 $y = ax^2\ (a > 0)$ 上に点 $\mathrm{A}\,(2,\ 16)$ がある。点 A を通り, 傾きが $-\dfrac{1}{2}$ の直線 l が放物線と 2 点で交わっている。このとき, 以下の問いに答えなさい。

(1) $a = \boxed{ア}$ である。

(2) 直線 l が y 軸と交わる交点の y 座標は $\boxed{イ}\ \boxed{ウ}$ である。

(3) 直線 l が x 軸と交わる交点の x 座標は $\boxed{エ}\ \boxed{オ}$ である。

(4) 原点 O から l に垂線をおろし, 交点を H とする。$\mathrm{OH} = \dfrac{\boxed{カ}\ \boxed{キ}\sqrt{\boxed{ク}}}{\boxed{ケ}}$ である。

平成26年度　名城大学附属高等学校一般入学試験　問題

第4時限　　英　語　（40分）

――――――――――――――――― 注　　　意 ―――――――――――――――――

1　この試験は全問マークシート方式です。次の説明文を読み、まちがいのないように記入しなさい。

① 解答シートにマークをするには、ＨＢまたはＢの黒鉛筆を使用しなさい。

② 「開始」の指示で、まず左端上の氏名欄に漢字で名前を書き、フリガナをカタカナでつけなさい。

③ 次に、受験番号を記入し、その下の欄に、右の例にならって正確にマークしなさい。

④ 問題は１ページから17ページまであります。

⑤ 問題は１から４まであります。
解答番号は　1　から　40　まであります。解答箇所をまちがえないように、例にならって正確にマークしなさい。

⑥ 訂正するときは、プラスチック製消しゴムでていねいに消し、消しくずをシート上に残さないこと。

⑦ 所定の記入欄以外には、何も記入しないこと。

⑧ 解答シートを、よごしたり折りまげたりしないこと。
（もし、解答シートがよごれていたり、折り目があったりしたときは、試験の監督者に申し出なさい。）

2　問題の内容についての質問には応じません。
（印刷の文字が不鮮明なときは、静かに手をあげ、試験の監督者に聞きなさい。）

3　答案を書き終わった人は、解答シートを裏返しにして置きなさい。

4　「終了」の指示で、書くことをやめ、解答シートと問題用紙を別々にして机の上に置きなさい。
（問題用紙は持ち帰ってください。）

例

氏名欄の記入例

フリガナ	メイジョウ　タロウ
氏　名	名城　　太郎

受験番号の記入例
「10310」
　の場合⇨

受験番号				
1	0	3	1	0
●	⓪	⓪	●	●
●	①	①	●	①
②	②	②	②	②
③	③	●	③	③
④	④	④	④	④
⑤	⑤	⑤	⑤	⑤
⑥	⑥	⑥	⑥	⑥
⑦	⑦	⑦	⑦	⑦
⑧	⑧	⑧	⑧	⑧
⑨	⑨	⑨	⑨	⑨

マーク記入の例⇨

良い例	●
悪い例	⊘
	⊙
	◑

※このページに問題は印刷されておりません。

(次ページより問題が始まります。)

1 次の英文について、（　）に入る語（句）はどれですか。①〜⑤の中から、それぞれ最も適当なものを選び、その番号をマークしなさい。

問1　A ship（　　）more than 500 passengers is missing.
（500人を超える乗客を乗せた船が行方不明になっている。）
解答番号は　1　です。

① carries　　　　　② carrying　　　　　③ carried
④ is carried　　　　⑤ having carried

問2　Please take one of these pills（　　）sixth hour.
（この薬を6時間ごとに1錠、飲んでください。）
解答番号は　2　です。

① between　　② in　　③ either　　④ each　　⑤ every

問3　Tom（　　）12 films, and I think his latest is the best.
（トムは12本の映画を作ったが、最新のものが一番いいと思う。）
解答番号は　3　です。

① makes　　　　　② made　　　　　③ has made
④ was making　　　⑤ had made

問4　（　　）is someone who changes spoken words from one language into another, especially as their job.
解答番号は　4　です。

① An "editor"　　　　　② A "lawyer"　　　　　③ A "vet"
④ A "newscaster"　　　⑤ An "interpreter"

問5 You had seven candies. You gave your sister three candies, and then you were given two candies from your mother. Now you have (　　) candies.

解答番号は 　5　 です。

① two　　　② six　　　③ seven　　　④ eight　　　⑤ twelve

2 次の各日本文に合うように（　　）内の語を並べかえた場合、（　　）内だけで指定された順番になるものの組み合わせとして正しいものはどれですか。①～⑤の中から、それぞれ最も適当なものを選び、その番号をマークしなさい。ただし、文頭になるものも小文字で記してあります。

（例）彼は昨日その公園に行った。【3番目と5番目】

He (to / park / the / yesterday / went).
→ He (went to the park yesterday).

（答）3番目：the ／ 5番目：yesterday

問1　その少女がだれで、どこに住んでいるか彼に教えましたか。【2番目と7番目】
解答番号は ［ 6 ］ です。

Did you tell him (and / girl / is / lives / she / that / where / who)?

① 2番目：who 　 ／ 7番目：lives 　 ② 2番目：who 　 ／ 7番目：she
③ 2番目：and 　 ／ 7番目：lives 　 ④ 2番目：that 　 ／ 7番目：she
⑤ 2番目：that 　 ／ 7番目：is

問2　あとどのくらいたつと、旅行に出かけますか。【2番目と4番目】
解答番号は ［ 7 ］ です。

How (before / is / it / long / start / your / you / on) trip?

① 2番目：is 　 ／ 4番目：before 　 ② 2番目：it 　 ／ 4番目：you
③ 2番目：before ／ 4番目：it 　 ④ 2番目：it 　 ／ 4番目：start
⑤ 2番目：long 　 ／ 4番目：before

問3　そんなことをするような父ではなかった。【3番目と6番目】

解答番号は　8　です。

He (such / kind / of / father / do / the / to / wasn't) a thing.

① 　3番目：father 　　/ 6番目：kind

② 　3番目：father 　　/ 6番目：such

③ 　3番目：kind 　　/ 6番目：father

④ 　3番目：kind 　　/ 6番目：such

⑤ 　3番目：kind 　　/ 6番目：to

問4　英語を話そうとするとき、間違いをおかすことを恐れてはいけません。

【3番目と4番目】

解答番号は　9　です。

Don't (making / to / mistakes / be / afraid / fear / of / some) when you try
to speak English. （3語不要）

① 　3番目：to 　　　/ 4番目：fear

② 　3番目：of 　　　/ 4番目：making

③ 　3番目：fear 　　/ 4番目：mistakes

④ 　3番目：making 　/ 4番目：mistakes

⑤ 　3番目：fear 　　/ 4番目：some

問5　戸口にだれかいるようだ。【2番目と4番目】

解答番号は　10　です。

(door / like / at / someone / it / sounds / there / the / is).

① 　2番目：sounds 　/ 4番目：there

② 　2番目：sounds 　/ 4番目：it

③ 　2番目：is 　　　/ 4番目：there

④ 　2番目：is 　　　/ 4番目：at

⑤ 　2番目：is 　　　/ 4番目：it

3 次の英文について、あとの問いに答えなさい。

Can you remember the first time that you saw a computer? ((1)) children born today will never have this kind of experience. Computers are a natural part of life for them. Many of these children already have a computer in their house, and they grow up using computers. Computers are (2) (not / that / that children / so / do / even / *common today / notice) computers are everywhere.

((3)), think about how people use computers to buy things. Any time your parents need to get some money, they *probably just look ((4)) an ATM. We do not usually call an ATM a computer, but it is. It is a computer *connected to lots of different banks. With an ATM, it is quite convenient for people to get money out of their bank *accounts. Just push a few *buttons on the machine and you and your parents are ready to go shopping!

So *now that you have money, you go to the mall. If you want to buy *a pair of shoes, a store *employee will use a computer again. He or she will use a machine to read the *cost of the shoes. If you do not want to use your money from the ATM, you can use a credit card to buy the shoes. The store employee puts your card through a different machine *,which is also a computer. This machine reads your credit card and then tells the store *if you can get the shoes or not. ((5)), if you do not have time to go to the mall, you can buy your shoes ((6))! Computers have made shopping very convenient.

Another way that computers have made life convenient today is by making our pockets and *purses light. We do not have to *carry around a lot of *bills or change because computers can read our credit cards and bank cards. ((7)), your parents do not even need to carry money from their work to the bank when they *get paid. ((1)) companies send their employees' money *directly to their bank accounts through computers. Now *nobody needs to *worry about *dropping their money *on the way to the bank on *pay day!

Computers are very common today, but probably your parents can remember when they were not so common. Just ask them, and I am sure they can (8) share lots of stories about how difficult life was before we had computers.

(Adapted from Paul Nation *et al.*, *Reading for Speed and Fluency 3*, Compass Publishing, 2007)

— 5 —

common：ありふれた　　probably：たぶん　　connected to：とつながっている

accounts：口座　　buttons：ボタン　　now that：ので　　a pair of：1足の

employee：従業員　　cost：price　　,which：and it

if 〜 or not：〜であるかないか　　purses：小銭入れ

carry around：持ち歩く　　bills：paper money　　get paid：給料をもらう

directly：直接　　nobody：誰も〜ない　　worry about：心配する

dropping：落とす　　on the way to：行く途中で　　pay day：給料日

問1　本文中に2つある（（1））に入る語（句）はどれですか。①〜⑤の中から、最も適当なものを選び、その番号をマークしなさい。

解答番号は　11　です。

①　Most　　②　Most of　　③　Most the　　④　Almost　　⑤　Every

問2　下線部（2）の（　　）内の語（句）を意味の通るように並べかえた場合、（　　）内だけで2番目と8番目になるものの組み合わせとして正しいものはどれですか。①〜⑤の中から、最も適当なものを選び、その番号をマークしなさい。

解答番号は　12　です。

①　　2番目：so　　　　　　　　　／　8番目：that
②　　2番目：so　　　　　　　　　／　8番目：that children
③　　2番目：common today　　／　8番目：that children
④　　2番目：common today　　／　8番目：notice
⑤　　2番目：common today　　／　8番目：that

問3　（（3））に入る語（句）はどれですか。①〜⑤の中から、最も適当なものを選び、その番号をマークしなさい。

解答番号は　13　です。

①　However　　　　②　For the first time　　　③　First of all

④　Because　　　　⑤　For example

問4 （（4））に入る語はどれですか。①〜⑤の中から、最も適当なものを選び、その番号を
マークしなさい。

解答番号は 14 です。

① into ② at ③ like ④ for ⑤ up

問5 （（5））に入る語（句）はどれですか。①〜⑤の中から、最も適当なものを選び、その
番号をマークしなさい。

解答番号は 15 です。

① Because ② Though ③ In fact
④ Of course ⑤ Actually

問6 （（6））に入る語句はどれですか。①〜⑤の中から、最も適当なものを選び、その番号
をマークしなさい。

解答番号は 16 です。

① in the Internet ② of the Internet
③ at the Internet ④ to the Internet
⑤ on the Internet

問7 （（7））に入る語（句）はどれですか。①〜⑤の中から、最も適当なものを選び、その
番号をマークしなさい。

解答番号は 17 です。

① Because ② But ③ In fact ④ If so ⑤ In stead

問8　下線部 (8) の意味として正しいものはどれですか。①〜⑤の中から、最も適当なもの
を選び、その番号をマークしなさい。

解答番号は 18 です。

① to have or use something with other people

② to let someone have or use something that belongs to you

③ to divide something between two or more people

④ to have equal responsibility for doing something, paying for something etc.

⑤ to tell other people about an idea, secret, problem etc.

問9　本文の内容に合うように、次の（　　）に入る表現として正しいものはどれですか。
①〜⑤の中から、最も適当なものを選び、その番号をマークしなさい。

解答番号は 19 です。

The reading is about （　　）.

① new types of computers　　　　② how computers make life easier

③ how computers are made　　　　④ computers and credit cards

⑤ how we use many kinds of computers

問10　本文の内容に合うように、次の（　　）に入る表現として正しいものはどれですか。
①〜⑤の中から、最も適当なものを選び、その番号をマークしなさい。

解答番号は 20 です。

The writer thinks that （　　）.

① children should learn how to use many kinds of computers

② children don't notice computers

③ there are too many computers these days

④ we should not depend on computers in our life

⑤ computers are only used for counting money or writing letters

記入方法

1. 記入は、必ずHBの黒鉛筆で、◯の中を正確に、ぬりつぶしてください。
2. 訂正は、プラスチック製消しゴムできれいに消してください。
3. 受験番号は、数字を記入してから間違いのないようにマークしてください。
4. 解答用紙を、折り曲げたり、汚したりしないでください。

良い例	●
悪い例	⊘ ⊙ ◗

解 答 記 入 欄

	① ② ③ ④ ⑤ ⑥ ⑦ ⑧ ⑨
	① ② ③ ④ ⑤ ⑥ ⑦ ⑧ ⑨
	① ② ③ ④ ⑤ ⑥ ⑦ ⑧ ⑨
	① ② ③ ④ ⑤ ⑥ ⑦ ⑧ ⑨
	① ② ③ ④ ⑤ ⑥ ⑦ ⑧ ⑨

解 答 記 入 欄

	① ② ③ ④ ⑤ ⑥ ⑦ ⑧ ⑨
	① ② ③ ④ ⑤ ⑥ ⑦ ⑧ ⑨
	① ② ③ ④ ⑤ ⑥ ⑦ ⑧ ⑨
	① ② ③ ④ ⑤ ⑥ ⑦ ⑧ ⑨

解 答 記 入 欄

	① ② ③ ④ ⑤ ⑥ ⑦ ⑧ ⑨
	① ② ③ ④ ⑤ ⑥ ⑦ ⑧ ⑨
	① ② ③ ④ ⑤ ⑥ ⑦ ⑧ ⑨
	① ② ③ ④ ⑤ ⑥ ⑦ ⑧ ⑨
	① ② ③ ④ ⑤ ⑥ ⑦ ⑧ ⑨
	① ② ③ ④ ⑤ ⑥ ⑦ ⑧ ⑨
	① ② ③ ④ ⑤ ⑥ ⑦ ⑧ ⑨

4 　解 答 記 入 欄

(1)	ア	⊖ ⓪ ① ② ③ ④ ⑤ ⑥ ⑦ ⑧ ⑨
(2)	イ	⊖ ⓪ ① ② ③ ④ ⑤ ⑥ ⑦ ⑧ ⑨
	ウ	⊖ ⓪ ① ② ③ ④ ⑤ ⑥ ⑦ ⑧ ⑨
(3)	エ	⊖ ⓪ ① ② ③ ④ ⑤ ⑥ ⑦ ⑧ ⑨
	オ	⊖ ⓪ ① ② ③ ④ ⑤ ⑥ ⑦ ⑧ ⑨
(4)	カ	⊖ ⓪ ① ② ③ ④ ⑤ ⑥ ⑦ ⑧ ⑨
	キ	⊖ ⓪ ① ② ③ ④ ⑤ ⑥ ⑦ ⑧ ⑨
	ク	⊖ ⓪ ① ② ③ ④ ⑤ ⑥ ⑦ ⑧ ⑨
	ケ	⊖ ⓪ ① ② ③ ④ ⑤ ⑥ ⑦ ⑧ ⑨

5 　解 答 記 入 欄

(1)	ア	⊖ ⓪ ① ② ③ ④ ⑤ ⑥ ⑦ ⑧ ⑨
	イ	⊖ ⓪ ① ② ③ ④ ⑤ ⑥ ⑦ ⑧ ⑨
	ウ	⊖ ⓪ ① ② ③ ④ ⑤ ⑥ ⑦ ⑧ ⑨
(2)	エ	⊖ ⓪ ① ② ③ ④ ⑤ ⑥ ⑦ ⑧ ⑨
	オ	⊖ ⓪ ① ② ③ ④ ⑤ ⑥ ⑦ ⑧ ⑨

名城大学附属高等学校

解 答 記 入 欄
② ③ ④ ⑤
② ③ ④ ⑤
② ③ ④ ⑤
② ③ ④ ⑤
② ③ ④ ⑤
② ③ ④ ⑤
② ③ ④ ⑤
② ③ ④ ⑤
② ③ ④ ⑤
② ③ ④ ⑤
② ③ ④ ⑤
② ③ ④ ⑤
② ③ ④ ⑤
② ③ ④ ⑤
② ③ ④ ⑤

4		解 答 記 入 欄
問1	26	① ② ③ ④ ⑤
問2	27	① ② ③ ④ ⑤
問3	28	① ② ③ ④ ⑤
問4	29	① ② ③ ④ ⑤
問5	30	① ② ③ ④ ⑤
問6	31	① ② ③ ④ ⑤
問7	32	① ② ③ ④ ⑤
問8	33	① ② ③ ④ ⑤
問9	34	① ② ③ ④ ⑤
問10	35	① ② ③ ④ ⑤
問11	36	① ② ③ ④ ⑤
問12	37	① ② ③ ④ ⑤
問13	38	① ② ③ ④ ⑤
問14	39	① ② ③ ④ ⑤
問15	40	① ② ③ ④ ⑤

名城大学附属高等学校

平成26年度　英 語 解 答 用 紙

受 験 番 号

⓪	⓪	⓪	⓪
①	①	①	①
②	②	②	②
③	③	③	③
④	④	④	④
⑤	⑤	⑤	⑤
⑥	⑥	⑥	⑥
⑦	⑦	⑦	⑦
⑧	⑧	⑧	⑧
⑨	⑨	⑨	⑨

※100点満点
（配点非公表）

フリガナ

氏　名

1		解 答 記 入 欄				
問1	1	①	②	③	④	⑤
問2	2	①	②	③	④	⑤
問3	3	①	②	③	④	⑤
問4	4	①	②	③	④	⑤
問5	5	①	②	③	④	⑤

2		解 答 記 入 欄				
問1	6	①	②	③	④	⑤
問2	7	①	②	③	④	⑤
問3	8	①	②	③	④	⑤
問4	9	①	②	③	④	⑤
問5	10	①	②	③	④	⑤

3	
問1	1
問2	1
問3	1
問4	1
問5	1
問6	1
問7	1
問8	1
問9	1
問10	2
問11	2
問12	2
問13	2
問14	2
問15	2

数 学 解 答 用 紙

受 験 番 号

フリガナ	
氏　名	

※100点満点
（配点非公表）

1		解 答 記 入 欄
(1)	ア	(-) 0 1 2 3 4 5 6 7 8 9
	イ	(-) 0 1 2 3 4 5 6 7 8 9
(2)	ウ	(-) 0 1 2 3 4 5 6 7 8 9
	エ	(-) 0 1 2 3 4 5 6 7 8 9
	オ	(-) 0 1 2 3 4 5 6 7 8 9
(3)	カ	(-) 0 1 2 3 4 5 6 7 8 9
	キ	(-) 0 1 2 3 4 5 6 7 8 9
	ク	(-) 0 1 2 3 4 5 6 7 8 9
	ケ	(-) 0 1 2 3 4 5 6 7 8 9
	コ	(-) 0 1 2 3 4 5 6 7 8 9
	サ	(-) 0 1 2 3 4 5 6 7 8 9
(4)	シ	(-) 0 1 2 3 4 5 6 7 8 9
	ス	(-) 0 1 2 3 4 5 6 7 8 9
(5)	セ	(-) 0 1 2 3 4 5 6 7 8 9
	ソ	(-) 0 1 2 3 4 5 6 7 8 9
	タ	(-) 0 1 2 3 4 5 6 7 8 9
(6)	チ	(-) 0 1 2 3 4 5 6 7 8 9
	ツ	(-) 0 1 2 3 4 5 6 7 8 9
	テ	(-) 0 1 2 3 4 5 6 7 8 9

1	
(7)	
(8)	

2	
(1)	
(2)	

3	
(1)	
(2)	

【解答

問11　computer の種類として、本文中で述べられているものはどれですか。①〜⑤の中から、最も適当なものを選び、その番号をマークしなさい。

解答番号は　21　です。

① A bank card　　　　　　　② An electronic dictionary

③ A cell phone　　　　　　　④ A credit card machine

⑤ A video game machine

問12　computer を見つけられる場所として、本文中で述べられているものはどれですか。①〜⑤の中から、最も適当なものを選び、その番号をマークしなさい。

解答番号は　22　です。

① At an electric store　　② In a hospital　　③ At work

④ In a school　　　　　　⑤ At a bookstore

問13　computer を使用するお金の使い方として、本文中で述べられているものはどれですか。①〜⑤の中から、最も適当なものを選び、その番号をマークしなさい。

解答番号は　23　です。

① going to a bank machine　　② using a business card

③ going to a mall　　　　　　④ carrying around a lot of money

⑤ sending money to other countries

問14 本文の内容と一致する記述はどれですか。①〜⑤の中から、最も適当なものを選び、その番号をマークしなさい。

解答番号は 24 です。

① 結果的に credit card を世の中に広めたことで、computer は生活を便利にしてくれた。

② 工場で人間の代わりに仕事を行ってくれることで、computer は生活を便利にしてくれた。

③ 物の価格を下げたことで、computer は生活を便利にしてくれた。

④ ポケットに入れて運ばなければならない物の数を減らしてくれたことで、 computer は生活を便利にしてくれた。

⑤ スマートフォンを普及させたことで、computer は生活を便利にしてくれた。

問15 本文の内容と一致する記述はどれですか。①〜⑤の中から、最も適当なものを選び、その番号をマークしなさい。

解答番号は 25 です。

① A lot of people are used to using computers and like to use them.

② Some people do their jobs at home by using their computers without going to their offices.

③ It is difficult to buy things online.

④ Many children these days will remember their first computer.

⑤ People are often paid through computers now.

4 次の英文について、あとの問いに答えなさい。

【1】　After *graduating from high school in 1916 *Amelia went off by herself ((1)) a school in *Philadelphia. There she began a *scrapbook *, which she *labeled "(2) Women's *Achievement." Inside, Amelia *pasted newspaper *articles. Each one reported ((3)) women who *had achieved "firsts."

【2】　The *Earharts *moved a lot because Mr. Earhart began *drinking and losing jobs. When Amelia was eighteen the family moved to *Chicago. And this time they went without Mr. Earhart. There, Amelia's school had girls' sports teams. But she never joined, ((4)) she had to *help out at home. But Amelia always *put on a *cheerful face. (5) Even her best friends never knew about her father's drinking or her family's *poverty.

【3】　There were articles about the first women to hold *certain positions, such ((6)) the president of a bank, the police commissioner, and a city manager. Amelia was *becoming more aware of how women could *make important contributions to the world.

【4】　When she was *around ten years old Amelia *had to *leave her grandparents, her cousins, and *Kansas behind. Her father *had found a new job with ((7)) *railroad company. The Earhart family *boarded the train and *headed for *Des Moines, Iowa. Later, Amelia and her family moved *many more times.

---

(8) Two events happened in Amelia's life that *allowed her to finally achieve firsts of her own. The first event was in 1903 when Amelia was only six. That's when the *Wright brothers built an airplane. Their first flight lasted twelve *seconds — quite an achievement then!

The second event was World War I. It (9) started in Europe (　　) 1914. Airplanes had improved by that time and were used in this war. Men *were trained to *pilot these planes. ((10)) 1917 the United States entered the war. *Wounded pilots and *soldiers came home to *recover.

That Christmas Amelia ((11)) *Muriel who was at school in *Toronto, Canada. Amelia decided to leave school and stay in Toronto to help the many wounded soldiers there. Amelia became a nurse's *aide. Some of the men she *cared for were pilots.

One day Amelia and her girlfriend went to an *airfield to see these pilots fly.

One pilot did the *usual loops, rolls, and spins that pilots did in *those days. But then he *aimed his plane low. He "*buzzed" the two young women as they stood watching. Amelia's friend *ran for cover. (12) Not Amelia.

She said of that day, "I remember the *mingled fear and pleasure.... I did not understand it at the time, but I believe that little red airplane said something to me as it *swished by."

Amelia *would have to wait *several years to find out (13) just *what that plane was saying.

(Adapted from Patricia Lakin, *Amelia Earhart*, Simon & Schuster, 2003)

graduating from：finishing　　Amelia：(人名)　　Philadelphia：(地名)
scrapbook：新聞や雑誌から切り抜いた記事を貼っておく帳面　　,which：and it
labeled：貼り付けた　　Achievement：活躍　　pasted：labeled
articles：記事　　had achieved：成し遂げた　　Earhart：(人名)
moved：went to live or work in a different place　　drinking：飲酒すること
Chicago：(地名)　　help out at home：家事手伝いをする　　put on：showed
cheerful：元気な　　poverty：貧しさ　　certain：ある
becoming more aware of：もっと意識するようになる
make important contributions：重要な貢献をする
around：about　　had to：have to の過去形
leave ～ behind：～をあとにする　　Kansas：(地名)　　had found：見つけていた
railroad：鉄道　　boarded：got on　　headed for：went to
Des Moines, Iowa：(地名)　　many more times：何度も
allowed her to ～：彼女が～するのを許した　　Wright：(人名)
seconds：秒　　were trained：訓練を受けた　　pilot：操縦する
wounded：けがをした　　soldiers：兵士　　recover：回復する
Muriel：(人名)　　Toronto, Canada：(地名)　　aide：助手
cared for：世話をした　　airfield：飛行場
usual loops, rolls, and spins：いつもの宙返りや回転飛行　　those days：当時
aimed：方向を向けた　　buzzed：上をすれすれに飛んだ
ran for cover：走って逃げた
mingled fear and pleasure：恐怖と歓喜が入り混じった感情
swished by：ビュンと飛んで行った　　would：だろう　　several years：数年
what：the thing which

問1　（（1））に入る語はどれですか。①〜⑤の中から、最も適当なものを選び、その番号を
マークしなさい。

解答番号は　26　です。

① in　　　　　② at　　　　　③ with　　　　④ for　　　　⑤ to

問2　下線部（2）に当てはまるものはどれですか。①〜⑤の中から、最も適当なものを選び、
その番号をマークしなさい。

解答番号は　27　です。

①　女性初の看護師　　　　　②　女性初の消防士　　　　　③　女性初の頭取
④　女性初の警察官　　　　　⑤　女性初の公務員

問3　（（3））に入る語はどれですか。①〜⑤の中から、最も適当なものを選び、その番号を
マークしなさい。

解答番号は　28　です。

① on　　　　　② about　　　　③ for　　　　　④ in　　　　　⑤ out

問4　（（4））に入る語はどれですか。①〜⑤の中から、最も適当なものを選び、その番号を
マークしなさい。

解答番号は　29　です。

① and　　　　② then　　　　③ so　　　　　④ because　　　⑤ though

問5　下線部 (5) の理由として正しいものはどれですか。①〜⑤の中から、最も適当なもの
を選び、その番号をマークしなさい。

解答番号は　30　です。

①　Amelia は、一人で Philadelphia に引っ越して来たから。

②　Amelia は、一人で Philadelphia へ引っ越して行ったから。

③　Amelia は、いつも元気な表情をしていたから。

④　周りの友人たちも、Amelia 同様貧しかったから。

⑤　Amelia には、友人がさほどいなかったから。

問6　（ (6) ）に入る語はどれですか。①〜⑤の中から、最も適当なものを選び、その番号を
マークしなさい。

解答番号は　31　です。

①　means　　　②　as　　　　③　that　　　④　like　　　⑤　for

問7　（ (7) ）に入る語はどれですか。①〜⑤の中から、最も適当なものを選び、その番号を
マークしなさい。

解答番号は　32　です。

①　new　　　②　other　　　③　local　　　④　another　　　⑤　different

問8 下線部(8)の Two events が表す内容として正しいものはどれですか。①〜⑤の中から、最も適当なものを選び、その番号をマークしなさい。

解答番号は 33 です。

① Amelia が1903年に6歳の誕生日を迎えたことと、1917年にアメリカが第二次世界大戦に参戦したこと。

② Amelia が1916年に高校を卒業したことと、18歳の時に Chicago へ引っ越しをしたこと。

③ 1903年に Wright brothers が世界で初めて飛行機を設計したことと、1917年の戦争で多くのアメリカ兵が死傷したこと。

④ 1903年の Amelia の誕生日に Wright brothers が飛行機を世界で初めて飛行させたことと、1914年の戦争に Amelia が初めて戦争に駆り出されたこと。

⑤ Amelia が6歳の時 Wright brothers が世界で初めて飛行機を飛ばせたことと、第一次世界大戦で改良された飛行機が使用されたこと。

問9 下線部(9)が「1914年から始まった」という意味になるように（　）に入る語として正しいものはどれですか。①〜⑤の中から、最も適当なものを選び、その番号をマークしなさい。

解答番号は 34 です。

① during　　② from　　③ since　　④ in　　⑤ for

問10 （(10)）に入る語はどれですか。①〜⑤の中から、最も適当なものを選び、その番号をマークしなさい。

解答番号は 35 です。

① On　　② At　　③ Since　　④ Until　　⑤ By

問11 （（11））に入る語（句）はどれですか。①～⑤の中から、最も適当なものを選び、その番号をマークしなさい。

解答番号は 36 です。

① visited   ② visited at   ③ visited with

④ stayed   ⑤ stayed at

問12 下線部（12）の Not Amelia が表す内容として正しいものはどれですか。①～⑤の中から、最も適当なものを選び、その番号をマークしなさい。

解答番号は 37 です。

① 飛行場に出かけたとき、パイロットは Amelia の友人の上をすれすれに飛行したが、Amelia の上にはすれすれに飛行しなかったこと。

② 飛行場に出かけたとき、Amelia の友人はパイロットの操縦する宙返りや回転飛行を経験したが、Amelia は経験しなかったこと。

③ 飛行場に出かけたとき、Amelia はパイロットの操縦する宙返りや回転飛行を経験したが、Amelia の友人は経験しなかったこと。

④ Amelia はパイロットの操縦する飛行機に乗り、宙返りや回転飛行をし、友人の上をすれすれに飛行して、友人がその場から走って逃げたこと。

⑤ パイロットが Amelia と友人の上をすれすれに飛行したとき、Amelia の友人は走って逃げたが、Amelia は逃げなかったこと。

問13 下線部（13）が表す内容として正しいものはどれですか。①～⑤の中から、最も適当なものを選び、その番号をマークしなさい。

解答番号は 38 です。

① 戦争は人類の汚点であること。

② 将来大きな戦争が再び起きること。

③ 将来飛行機が世界で普及すること。

④ Amelia が将来パイロットになること。

⑤ Amelia が将来看護師になること。

問14 二重線枠内の段落【1】～【4】を文脈に合うように並べかえた場合、正しい順番になるものはどれですか。①～⑤の中から、最も適当なものを選び、その番号をマークしなさい。

解答番号は 39 です。

① 【2】→【4】→【3】→【1】　　② 【2】→【3】→【1】→【4】
③ 【2】→【3】→【4】→【1】　　④ 【4】→【2】→【1】→【3】
⑤ 【4】→【2】→【3】→【1】

問15 本文の内容と一致する記述はどれですか。①～⑤の中から、最も適当なものを選び、その番号をマークしなさい。

解答番号は 40 です。

① 18歳の時、Amelia は父親以外の家族とともに Philadelphia に引っ越しをした。
② 新聞に載った記事がきっかけで、Amelia は世の中での女性の活躍ぶりを意識するようになった。
③ 10歳の頃、いとこを残して Amelia は父親以外の家族とともに Iowa に引っ越しをした。
④ 6歳の時、第一次世界大戦が勃発し、Amelia は負傷した兵士の看護をした。
⑤ 友人と二人で戦場にでかけ、空軍機が飛行するのを見ていた時、Amelia は兵士に追いかけられた。

$\boxed{5}$　1辺の長さが4の正四面体 ABCD がある。このとき，以下の問いに答えなさい。

(1)　正四面体 ABCD の表面積は $\boxed{ア}\;\boxed{イ}\;\sqrt{\boxed{ウ}}$ である。

(2)　辺 BC 上に点 E，辺 AC 上に点 F，辺 AD 上に点 G をとる。EF + FG + GB の長さが最小
となるとき，その長さは $\boxed{エ}\;\sqrt{\boxed{オ}}$ である。ただし，辺上の点とは辺の端の点を含む。

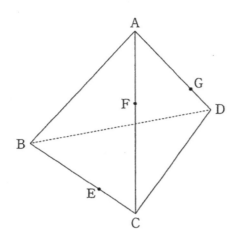

平成25年度　　　名城大学附属高等学校入学試験

第１時限問題　　　数学　（40分）

―――――――――――――――― 注　　意 ――――――――――――――――

1、この試験は全問マークシート方式です。次の説明文を読み、まちがいのないように記入してください。

① 解答シートにマークをするには、ＨＢまたはＢの黒鉛筆を使用してください。

② 開始の指示で、まず左端上の氏名欄に漢字で名前を書き、フリガナをカタカナでつけてください。

③ 次に、受験番号を記入し、その下の欄に、右の例にならって正確にマークしてください。

④ 問題は **1** ページから **5** ページまであります。

⑤ 問題は 1 から 5 まであります。
解答箇所をまちがえないように、例にならって正確にマークしてください。

⑥ **数学解答上の注意**

数学については、問題文中の ア 、 イ などの □ には、特に指示のない限り、数値または符号（−）が入ります。これらを次の方法で解答記入欄にマークしてください。

（1）ア・イ・ウ………の一つ一つは、それぞれ0から9までの数字、または−のいずれか一つに対応します。それらをア・イ・ウ…で示された解答欄にマークします。

（例） ア イ に「−4」と答えたいとき

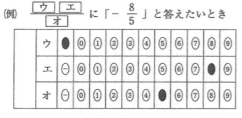

（2）分数形で解答が求められているときは、既約分数で答えてください。符号は分子につけ、分母につけてはいけません。

（例） ウ エ ／ オ に「−8／5」と答えたいとき

――――――――――――――――――――――――――――――――――

例

氏名欄の記入例

フリガナ	メイジョウ　タロウ
氏　名	名　城　太　郎

受験番号の記入例
「10310」
の場合⇒

受験番号				
1	0	3	1	0

マーク記入の例⇒

良い例	●
悪い例	○
	⊙
	◖

――――――――――――――――――――――――――――――――――

⑦ 訂正するときは、プラスチック製消しゴムでていねいに消し、消しくずをシート上に残さないでください。

⑧ 所定の記入欄以外には、何も記入しないでください。

⑨ 解答シートを、よごしたり折りまげたりしないでください。

（もし、解答シートがよごれていたり、折り目があったりしたときは、試験の監督者に申し出てください。）

2、問題の内容についての質問には応じられません。

（印刷の文字が不鮮明なときは、静かに手をあげ、試験の監督者に聞いてください。）

3、答案を書き終わった人は、解答シートを裏返しにして置いてください。

4、終了の指示で、書くことをやめ、解答シートと問題用紙を別々にして机の上に置いてください。

（問題用紙は持ち帰ってください。）

1　次の問に答えなさい。

(1) $\dfrac{3}{8}+\left(-\dfrac{3}{4}\right)\times\left(-\dfrac{2}{3}\right)^2+\dfrac{3}{2}=\dfrac{\boxed{ア}\boxed{イ}}{\boxed{ウ}\boxed{エ}}$ である。

(2) $a=\sqrt{3}+\sqrt{2}$, $b=\sqrt{3}-\sqrt{2}$ のとき, $a^2+ab+b^2=\boxed{オ}\boxed{カ}$ である。

(3) $\begin{cases} ax+by=-17 \\ bx-ay=13 \end{cases}$ を解くと, $x=2$, $y=-3$ となる。このとき,

$a=\dfrac{\boxed{キ}}{\boxed{ク}\boxed{ケ}}$, $b=\dfrac{\boxed{コ}\boxed{サ}}{\boxed{シ}\boxed{ス}}$ である。

(4) $(3x+a)(bx-2)$ を展開したら $cx^2+4x+10$ となる。$c=\boxed{セ}\boxed{ソ}$ である。

(5) 10円硬貨3枚, 50円硬貨2枚, 100円硬貨1枚を一部または全部使って, 支払うことができる金額は $\boxed{タ}\boxed{チ}$ 通りである。

(6) 下図のように5つの歯車（左からA，B，C，D，Eとする）がそれぞれかみ合って回転している。Aの歯の数は16個で，順にBは24個，Cは20個，Dは32個，Eは8個あるとする。Aの歯車が一回転するとき，Eの歯車は $\boxed{ツ}$ 回転する。

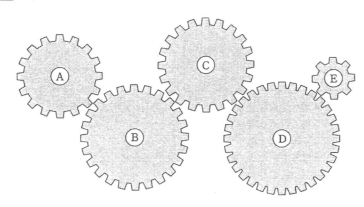

（7） 下図において，$x = \boxed{テ}\boxed{ト}$°である。

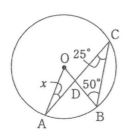

2　大小2個のサイコロを同時に投げるとき，大きいサイコロの目をx，小さいサイコロの目をyとする。座標平面上の3点A$(x，y)$，B$(1，2)$，C$(3，4)$で作る△ABCが直角三角形となる確率は$\dfrac{\boxed{ア}}{\boxed{イ}}$であり，鈍角三角形となる確率は$\dfrac{\boxed{ウ}}{\boxed{エ}}$である。

3　△ＡＢＣに４本の線を下図のように引き，５つの三角形（△ＡＢＦ，△ＦＥＡ，△ＥＦＨ，△ＨＧＥ，△ＧＨＣ）に分ける。分けられた５つの三角形の面積が同じで，ＦＨ＝ＥＧのとき，以下の比を，最も簡単な形で答えなさい。

(1) ＢＦ：ＦＣ＝ ア ： イ

(2) ＢＦ：ＨＣ＝ ウ ： エ

(3) ＡＣ：ＢＣ＝ オ カ ： キ ク

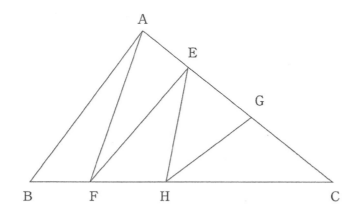

—————————————— 注　　　意 ——————————————

1、この試験は全問マークシート方式です。次の説明文を読み、まちがいのないように記入してください。

　① 解答シートにマークをするには、HBまたはBの黒鉛筆を使用してください。
　② 開始の指示で、まず左端上の氏名欄に漢字で名前を書き、フリガナをカタカナでつけてください。
　③ 受験番号を記入し、その下の欄に、右の例にならって正確にマークしてください。
　④ 問題は**1**ページから**11**ページまであります。
　⑤ 問題は**1**から**8**まであり、解答番号は**1**から**42**まであります。解答箇所をまちがえないように、例にならって正確にマークしてください。
　⑥ 訂正するときは、プラスチック製消しゴムでていねいに消し、消しくずをシート上に残さないでください。
　⑦ 所定の記入欄以外には、何も記入しないでください。
　⑧ 解答シートを、よごしたり折りまげたりしないでください。
　　（もし、解答シートがよごれていたり、折り目があったりしたときは、試験の監督者に申し出てください。）

2、問題の内容についての質問には応じられません。
　　（印刷の文字が不鮮明なときは、静かに手をあげ、試験の監督者に聞いてください。）

3、答案を書き終わった人は、解答シートを裏返しにして置いてください。

4、終了の指示で、書くことをやめ、解答シートと問題用紙を別々にして机の上に置いてください。
　　　　　　　　　　　（問題用紙は持ち帰ってください。）

例

氏名欄の記入例

フリガナ	メイジョウ　タロウ
氏　名	名城　太郎

受験番号の記入例
「10310」
　の場合⇒

受験番号				
1	0	3	1	0

マーク記入の例⇒

良い例	●	
悪い例	⊘	
	⊙	
	◍	

1 次の各語の組み合わせについて、下線部の発音がすべて同じものはどれですか。①〜⓪の中から、適切なものを二つ選び、その番号をマークしなさい。ただし、解答は①〜⓪の順に記入しなさい。
解答番号は 1 と 2 です。

① break
breakfast
measure

② shout
thousand
mountain

③ hot
son
become

④ machine
chair
such

⑤ looked
watched
wanted

⑥ though
both
through

⑦ parent
any
said

⑧ dear
early
heard

⑨ sign
talk
knowledge

⓪ face
outside
tradition

2 次の各語について、下線部を最も強く読むものはどれですか。①〜⓪の中から、適切なものを二つ選び、その番号をマークしなさい。ただし、解答は①〜⓪の順に記入しなさい。
解答番号は 3 と 4 です。

① understand   ② already   ③ afternoon   ④ difficult   ⑤ example

⑥ interesting   ⑦ musician   ⑧ opinion   ⑨ remember   ⓪ thirteen

3 次の各英文について、( )に入る語(句)はどれですか。①～⑤の中から、最も適切なものを
それぞれ一つずつ選び、その番号をマークしなさい。

問1. Don't be afraid of (   ) mistakes when you speak English.

解答番号は 5 です。

① hearing　　　　② getting　　　③ making　　　④ calling　　　⑤ taking

問2. It has been cloudy (   ) last Tuesday.

解答番号は 6 です。

① already　　　　② just　　　　③ for　　　　④ since　　　　⑤ yet

問3. Please wait here (   ) five minutes.

解答番号は 7 です。

① until　　　　② for　　　　③ by　　　　④ during　　　⑤ between

問4. (   ) are swimming in the sea.

解答番号は 8 です。

① He or she　　　　　　　　② A few fish
③ Everyone　　　　　　　　④ One of the girls
⑤ Each of the boys

問5. I don't know (   ) answer.

解答番号は 9 です。

① to　　　　② what to　　　③ how　　　④ the way　　　⑤ for you to

4 次の各英文について、日本語の意味に合うように（　　）内の語(句)を並べかえた場合、（　　）内だけで指定された順番になるものの組み合わせとして正しいものはどれですか。①～⑤の中から、最も適切なものをそれぞれ一つずつ選び、その番号をマークしなさい。ただし、（　　）内には不要な語(句)が一つあります。また、文頭になるものも小文字で示してあります。

（例）郵便局の行き方を教えてくれませんか。
Could (me / you / the way / post office / tell / to the / will)?
【３番目と５番目】

→ Could (you tell me the way to the post office)?　《不要な語(句) → will》

〔答〕３番目：me ／ ５番目：to the

問１．コーヒーを作りましょうか。
(make / a cup of / shall / you / will / I) coffee?　【１番目と４番目】
解答番号は　10　です。

① １番目：shall　　／４番目：you　　② １番目：shall　　／４番目：a cup of
③ １番目：I　　　　／４番目：you　　④ １番目：will　　／４番目：a cup of
⑤ １番目：will　　／４番目：make

問２．その犬は彼に世話をされました。
The dog (taken / for / him / of / was / care / by).　【２番目と５番目】
解答番号は　11　です。

① ２番目：was　　／５番目：by　　② ２番目：was　　／５番目：of
③ ２番目：taken　／５番目：for　　④ ２番目：taken　／５番目：by
⑤ ２番目：taken　／５番目：of

問３．あなたはどの季節が一番好きですか。
Which (you / do / like / best / the / season / better)?　【２番目と６番目】
解答番号は　12　です。

① ２番目：you　　　／６番目：season
② ２番目：you　　　／６番目：the
③ ２番目：season　／６番目：best
④ ２番目：do　　　／６番目：better
⑤ ２番目：do　　　／６番目：best

問４．私は彼らに食べ物を持ってくるように頼みました。
I (them / bring / take / something / to / asked / me / to eat). 【４番目と７番目】

解答番号は 13 です。

① ４番目：bring   / ７番目：something
② ４番目：bring   / ７番目：to eat
③ ４番目：something / ７番目：to eat
④ ４番目：take   / ７番目：something
⑤ ４番目：take   / ７番目：to eat

問５．私は親切そうな女性に話しかけました。
I (woman / looked / talked / to / at / who / kind / a). 【２番目と７番目】

解答番号は 14 です。

① ２番目：a   / ７番目：at
② ２番目：to   / ７番目：woman
③ ２番目：to   / ７番目：kind
④ ２番目：to   / ７番目：looked
⑤ ２番目：at   / ７番目：talked

5 次の各対話文について、下線部の□や■にアルファベットを入れて英単語にする場合、■に入る文字はどれですか。①〜⑤の中から、最も適切なものをそれぞれ一つずつ選び、その番号をマークしなさい。ただし、各番号は一度しか使えないものとします。

問1．A : Hello.　This is Kevin.　May I speak to Becky, please?
　　　B : Sorry.　She's out now.　Can I □■□□ a message?

解答番号は | 15 | です。

問2．A : How □□□■□ playing tennis this afternoon?
　　　B : That's a good idea.

解答番号は | 16 | です。

~~問3．A : What does this word mean?~~
　　　~~B : I don't know.　Please look it up in your electronic □□□■□□□□□.~~

~~解答番号は | 17 | です。~~

~~問4．A : Can I help you?~~
　　　~~B : Yes.　I'm looking for a sweater.~~
　　　~~A : What □□■□□ are you looking for?~~
　　　~~B : Something dark.~~

~~解答番号は | 18 | です。~~

~~問5．A : My father has some baseball tickets.　Can you come with us?~~
　　　~~B : Sure.　Thanks for □□■□□□□ me.~~

~~解答番号は | 19 | です。~~

~~①a　②u　③o　④n　⑤s　⑥k　⑦t　⑧d　⑨v　⓪l~~

※問3・問4・問5は学校当局により問題が削除されました。
（配点からは除外）

記入方法

1. 記入は、必ずHBの黒鉛筆で、◯の中を正確に、ぬりつぶしてください。
2. 訂正は、プラスチック製消しゴムできれいに消してください。
3. 受験番号は、数字を記入してから間違いのないようにマークしてください。
4. 解答用紙を、折り曲げたり、汚したりしないでください。

	良い例	●
悪い例		

解 答 記 入 欄

① ② ③ ④ ⑤ ⑥ ⑦ ⑧ ⑨
① ② ③ ④ ⑤ ⑥ ⑦ ⑧ ⑨
① ② ③ ④ ⑤ ⑥ ⑦ ⑧ ⑨

解 答 記 入 欄

① ② ③ ④ ⑤ ⑥ ⑦ ⑧ ⑨
① ② ③ ④ ⑤ ⑥ ⑦ ⑧ ⑨
① ② ③ ④ ⑤ ⑥ ⑦ ⑧ ⑨
① ② ③ ④ ⑤ ⑥ ⑦ ⑧ ⑨

解 答 記 入 欄

① ② ③ ④ ⑤ ⑥ ⑦ ⑧ ⑨
① ② ③ ④ ⑤ ⑥ ⑦ ⑧ ⑨
① ② ③ ④ ⑤ ⑥ ⑦ ⑧ ⑨
① ② ③ ④ ⑤ ⑥ ⑦ ⑧ ⑨
① ② ③ ④ ⑤ ⑥ ⑦ ⑧ ⑨
① ② ③ ④ ⑤ ⑥ ⑦ ⑧ ⑨
① ② ③ ④ ⑤ ⑥ ⑦ ⑧ ⑨
① ② ③ ④ ⑤ ⑥ ⑦ ⑧ ⑨

4 解 答 記 入 欄

ア	(−) ⓪ ① ② ③ ④ ⑤ ⑥ ⑦ ⑧ ⑨
イ	(−) ⓪ ① ② ③ ④ ⑤ ⑥ ⑦ ⑧ ⑨
ウ	(−) ⓪ ① ② ③ ④ ⑤ ⑥ ⑦ ⑧ ⑨
エ	(−) ⓪ ① ② ③ ④ ⑤ ⑥ ⑦ ⑧ ⑨
オ	(−) ⓪ ① ② ③ ④ ⑤ ⑥ ⑦ ⑧ ⑨
カ	(−) ⓪ ① ② ③ ④ ⑤ ⑥ ⑦ ⑧ ⑨
キ	(−) ⓪ ① ② ③ ④ ⑤ ⑥ ⑦ ⑧ ⑨
ク	(−) ⓪ ① ② ③ ④ ⑤ ⑥ ⑦ ⑧ ⑨
ケ	(−) ⓪ ① ② ③ ④ ⑤ ⑥ ⑦ ⑧ ⑨

5 解 答 記 入 欄

(1)	ア	(−) ⓪ ① ② ③ ④ ⑤ ⑥ ⑦ ⑧ ⑨
	イ	(−) ⓪ ① ② ③ ④ ⑤ ⑥ ⑦ ⑧ ⑨
	ウ	(−) ⓪ ① ② ③ ④ ⑤ ⑥ ⑦ ⑧ ⑨
	エ	(−) ⓪ ① ② ③ ④ ⑤ ⑥ ⑦ ⑧ ⑨
(2)	オ	(−) ⓪ ① ② ③ ④ ⑤ ⑥ ⑦ ⑧ ⑨
(3)	カ	(−) ⓪ ① ② ③ ④ ⑤ ⑥ ⑦ ⑧ ⑨
	キ	(−) ⓪ ① ② ③ ④ ⑤ ⑥ ⑦ ⑧ ⑨

名城大学附属高等学校

解 答 記 入 欄
② ③ ④ ⑤
② ③ ④ ⑤
② ③ ④ ⑤
② ③ ④ ⑤
② ③ ④ ⑤

解 答 記 入 欄
② ③ ④ ⑤
② ③ ④ ⑤
② ③ ④ ⑤
② ③ ④ ⑤
② ③ ④ ⑤
② ③ ④ ⑤

解 答 記 入 欄
② ③ ④ ⑤
② ③ ④ ⑤
② ③ ④ ⑤
② ③ ④ ⑤
② ③ ④ ⑤

8		解 答 記 入 欄				
問1	31	①	②	③	④	⑤
問2	32	①	②	③	④	⑤
問3	33	①	②	③	④	⑤
問4	34	①	②	③	④	⑤
問5	35	①	②	③	④	⑤
問6	36	①	②	③	④	⑤
問7	37	①	②	③	④	⑤
問8	38	①	②	③	④	⑤
問9	39	①	②	③	④	⑤
問10	40	①	②	③	④	⑤
問11	41	①	②	③	④	⑤
問12	42	①	②	③	④	⑤

名城大学附属高等学校

平成25年度　英　語　解　答　用　紙

受験番号

フリガナ	
氏　名	

※100点満点
（配点非公表）

1		解　答　記　入　欄
	1	① ② ③ ④ ⑤ ⑥ ⑦ ⑧ ⑨ ⓪
	2	① ② ③ ④ ⑤ ⑥ ⑦ ⑧ ⑨ ⓪

2		解　答　記　入　欄
	3	① ② ③ ④ ⑤ ⑥ ⑦ ⑧ ⑨ ⓪
	4	① ② ③ ④ ⑤ ⑥ ⑦ ⑧ ⑨ ⓪

3		解　答　記　入　欄
問1	5	① ② ③ ④ ⑤
問2	6	① ② ③ ④ ⑤
問3	7	① ② ③ ④ ⑤
問4	8	① ② ③ ④ ⑤
問5	9	① ② ③ ④ ⑤

4		解　答　記　入　欄
問1	10	① ② ③ ④ ⑤
問2	11	① ② ③ ④ ⑤
問3	12	① ② ③ ④ ⑤
問4	13	① ② ③ ④ ⑤
問5	14	① ② ③ ④ ⑤

5	
問1	
問2	
問3	
問4	
問5	

6	

7	
問1	
問2	
問3	
問4	
問5	

数 学 解 答 用 紙

| 受 験 番 号 |

| フリガナ | |
| 氏 名 | |

※100点満点
（配点非公表）

1		解 答 記 入 欄
(1)	ア	(-) 0 1 2 3 4 5 6 7 8 9
	イ	(-) 0 1 2 3 4 5 6 7 8 9
	ウ	(-) 0 1 2 3 4 5 6 7 8 9
	エ	(-) 0 1 2 3 4 5 6 7 8 9
(2)	オ	(-) 0 1 2 3 4 5 6 7 8 9
	カ	(-) 0 1 2 3 4 5 6 7 8 9
(3)	キ	(-) 0 1 2 3 4 5 6 7 8 9
	ク	(-) 0 1 2 3 4 5 6 7 8 9
	ケ	(-) 0 1 2 3 4 5 6 7 8 9
	コ	(-) 0 1 2 3 4 5 6 7 8 9
	サ	(-) 0 1 2 3 4 5 6 7 8 9
	シ	(-) 0 1 2 3 4 5 6 7 8 9
	ス	(-) 0 1 2 3 4 5 6 7 8 9
(4)	セ	(-) 0 1 2 3 4 5 6 7 8 9
	ソ	(-) 0 1 2 3 4 5 6 7 8 9
(5)	タ	(-) 0 1 2 3 4 5 6 7 8 9
	チ	(-) 0 1 2 3 4 5 6 7 8 9

1	
(6)	
(7)	

| 2 | |

3	
(1)	
(2)	
(3)	

【解答用

6 次の対話文を読んで、（　Ａ　）～（　Ｆ　）に入る表現を①～⑧の中から、最も適切なものを
それぞれ一つずつ選び、その番号をマークしなさい。ただし、各番号は一度しか使えないものとし
ます。解答番号 20 ・ 21 ・24 ・ 25 のみを解答し、①～⑤の中から選びなさい。

> （　Ａ　）の解答番号は 20 です。
>
> （　Ｂ　）の解答番号は 21 です。
>
> ~~（　Ｃ　）の解答番号は 22 です。~~ ⎤
>
> ~~（　Ｄ　）の解答番号は 23 です。~~ ⎦　学校当局により問題が削除されました。
>
> （配点からは除外）
>
> （　Ｅ　）の解答番号は 24 です。
>
> （　Ｆ　）の解答番号は 25 です。

A : You look very happy, today.

B : (　A　) A friend who lives in America sent me a book.

A : (　B　)

B : It's about an American school.

A : (　C　)

B : Yes, it's very interesting.

A : (　D　)

B : No, not yet.　There are many things which I didn't know in it.　But I'll soon
　　finish it.

A : (　E　)　I want to read it, too.

B : Sure, but please give it back to me by this Saturday.

A : OK.　Does your friend know about our school?

B : (　F　)　I'm going to tell him about it in my next letter.

① Will you *lend me the book?

② What are you going to do in America?

③ Of course, I am.

④ What is it about?

⑤ No, he doesn't.

⑥ Have you finished reading the book?

⑦ I'll lend you the book if I finish it.

⑧ Oh, that's great!

*lend : 貸す

7 次の英文について、あとの問いに答えなさい。

At the *age of 12, Yinan Wang was like any other student at school in *Beijing, China. Then his father got a job at an *aerospace company near London, so all his family moved from Beijing to London.　Yinan Wang continued his studies at a very large *secondary school near their home.

When he arrived in England, Yinan Wang could only speak a few words of English.　'At first I was very lonely,' he *recalls.　'I couldn't speak to anyone, so I couldn't make friends.' However, his teachers could see that he was very *intelligent.　In fact, he was a *genius. He was especially good at math and science.

Two years later, Yinan Wang went to Oxford University to study science.　At the age of 14, he was one of the youngest students to study at this famous university.　However, his teachers thought he would have no problems.　He had special classes in English at school, and was fluent by the age of 14.　He also got *top marks in all his math *exams.

Yinan Wang was not the first child to go to Oxford University.　Ruth Lawrence was only 13 when she went to Oxford to study math.　However, are young *teenagers really *mature enough for university?　Many universities do not take students below the age of 17 or 18.　People say they cannot enjoy university life.　Other people disagree and say that very clever children should not wait.

(*Headway Academic Skills* OXFORD より)

*age：年令　　*Beijing：北京　　*aerospace：宇宙産業　　*secondary：中等の
*recall：回想する　　*intelligent：聡明な　　*genius：天才　　*top：一番の
*exams：試験　　*teenagers：１０代の少年少女　　*mature：十分に発達した

問１．次の質問に対する答えとして正しいものはどれですか。①～⑤の中から、最も適切なものを
　　　一つ選び、その番号をマークしなさい。　　　　　　　　解答番号は　26　です。

Why did Yinan's family move to London?

① Because he got a job at Oxford University.
② Because he wanted to learn English.
③ Because he was like any other student at school in Beijing, China.
④ Because his father got a job near London.
⑤ Because his father wanted to continue his studies.

問2．次の英文の（　　）に入る表現として正しいものはどれですか。①～⑤の中から、最も適切なものを一つ選び、その番号をマークしなさい。　　　　　　解答番号は 27 です。

When Yinan came to England, (　　　).

① he made a lot of friends
② he could not make any friends
③ he did not want any English friends
④ his teachers helped him to make friends with other students
⑤ his teachers helped him to study English

問3．次の英文の（　　）に入る表現として正しいものはどれですか。①～⑤の中から、最も適切なものを一つ選び、その番号をマークしなさい。　　　　　　解答番号は 28 です。

Many teachers thought that (　　　).

① he was not so clever as they imagined
② Ruth was cleverer than he in math exams
③ he would need special classes in English
④ he was not mature enough for university
⑤ he would not have problems at the university

問4．本文の表題としてふさわしいものはどれですか。①～⑤の中から、最も適切なものを一つ選び、その番号をマークしなさい。　　　　　　解答番号は 29 です。

① A clever boy
② Too young for Oxford?
③ Oxford takes very clever students?
④ To go to foreign universities
⑤ To be a genius

問5．本文の内容に合っているものはどれですか。①～⑤の中から、最も適切なものを一つ選び、その番号をマークしなさい。　　　　　　解答番号は 30 です。

① Yinan Wang was liked by all classmates at school in Beijing.
② Yinan Wang spoke English so fluently that he felt lonely.
③ Yinan Wang was the youngest student to go to Oxford University.
④ Some people agree and say that students below the age of 17 or 18 cannot enjoy their university life.
⑤ Teenagers are old enough to go to university.

8 次の英文について、あとの問いに答えなさい。

　　Laughter is natural for people.　We start to laugh at about four months of *age.　We start to laugh even before we start to speak!

　　Laughter *connects us with other people.　We laugh （　A　） when we are with other people. Studies find that we are 30 times （　A　） *likely to laugh with other people than alone. Laughter is also ① contagious.　When one person laughs, other people begin to laugh, too.

　　It is difficult to *pretend to laugh.　Laughter is *honest.　Try to laugh （　1　）.　It's difficult, isn't it?　When people pretend to laugh, most people know it's （　B　）.　Studies show that people don't like the sound of *fake laughter.

　　Only 10 to 20 % of laughter is about something *funny.　② Most (about / with / being / laughter / is / friendly / other people).　Most laughter says, "I don't want to *compete with you.　I want to be friendly with you."　This kind of laughter brings people together.

　　We often laugh when we feel *nervous.　In movies, （　2　） when everyone feels nervous. It is usually a small joke, but we laugh a lot.　Our laughter helps us *relax.

　　Sometimes we laugh because we think we are better than other people.　When we laugh at another person, we are saying, "I am better than you."　This kind of laughter makes others feel （　C　）.　Sometimes we laugh because we feel *embarrassed.

　　Some things are funny because we don't *expect them.　When a joke begins, we already have an idea about the *end.　We think we know the end, but then the joke ends in a different way. The end of the joke surprises us.　It makes us laugh.

　　*Silly things are sometimes funny.　We laugh at jokes about people and their mistakes because we know something they don't know.

　　Not everyone has the same *sense of humor.　Some people think a joke is funny, but other people don't think （　D　）.　People have different ideas about what is funny.

　　③ Our idea of what is funny changes with time.　For young children, the world is new. Many things surprise them, （　D　） they laugh a lot.　*Teenagers often worry about what others think of them.　They laugh to *protect themselves.　*Adults laugh at themselves and other people with *similar problems.　They laugh at things ④ that give them *stress.　Our reasons for laughter change over time.

(Skills for Success OXFORD より)

*age：年令　　*connect：結びつける　　*likely：ありそうな
*pretend：ふりをする　　*honest：正直な　　*fake：見せかけの
*funny：おかしい　　*compete：競う　　*nervous：緊張して　　*relax：くつろぐ
*embarrassed：恥ずかしい　　*expect：予想する　　*end：終わり　　*silly：ばかげた
*sense of humor：ユーモアの感覚　　*teenagers：１０代の少年少女
*protect：守る　　*adult：大人　　*similar：よく似た　　*stress：緊張

　問１．２か所ある（　A　）に共通して入る語はどれですか。①〜⑤の中から、最も適切なものを
　　　　一つ選び、その番号をマークしなさい。　　　　　　　　　　解答番号は　31　です。

　　① much　　　　　② very　　　　　③ very much　　　　④ more　　　　⑤ most

問2．文脈から判断して、下線部①の単語の意味としてふさわしいものはどれですか。①～⑤の中から、最も適切なものを一つ選び、その番号をマークしなさい。　解答番号は　32　です。

① 移りやすい　　② 抑えられない　③ 難しい　　　　④ 永遠の　　　　⑤ 孤独な

問3．（　1　）に入る表現として正しいものはどれですか。①～⑤の中から、最も適切なものを一つ選び、その番号をマークしなさい。　解答番号は　33　です。

① long ago　　② all right　　③ right now　　④ over there　　⑤ all around

問4．（　B　）・（　C　）に入る表現として正しい組み合わせはどれですか。①～⑤の中から、最も適切なものを一つ選び、その番号をマークしなさい。　解答番号は　34　です。

① （　B　）→ real　　　　　（　C　）→ bad
② （　B　）→ real　　　　　（　C　）→ good
③ （　B　）→ not real　　　（　C　）→ bad
④ （　B　）→ not real　　　（　C　）→ good
⑤ （　B　）→ not real　　　（　C　）→ better

問5．下線部②の語(句)を意味の通るように並べかえた場合、（　　　　）内だけで3番目と5番目になるものの組み合わせとして正しいものはどれですか。①～⑤の中から、最も適切なものを一つ選び、その番号をマークしなさい。　解答番号は　35　です。

① 3番目：is　　　　　　/ 5番目：friendly
② 3番目：is　　　　　　/ 5番目：with
③ 3番目：other people / 5番目：friendly
④ 3番目：about　　　　/ 5番目：friendly
⑤ 3番目：about　　　　/ 5番目：with

問6．（　2　）に入る表現として正しいものはどれですか。①～⑤の中から、最も適切なものを一つ選び、その番号をマークしなさい。　解答番号は　36　です。

① there is often a joke at an exciting moment
② there are often a joke at an exciting moment
③ there is often a joke at an excited moment
④ there are often a joke at an excited moment
⑤ there is often jokes at an exciting moment

問7．2か所ある（　D　）に共通して入る語はどれですか。①～⑤の中から、最も適切なものを一つ選び、その番号をマークしなさい。　解答番号は　37　です。

① that　　　　　② why　　　　　③ about　　　　④ such　　　　⑤ so

問8．下線部③の内容としてふさわしいものはどれですか。①〜⑤の中から最も適切なものを一つ選び、その番号をマークしなさい。　　　　　　　　解答番号は　38　です。

① 笑いのとらえ方は世代によって異なる。
② 何がおかしいかという考えは、笑いの回数で変化する。
③ 私たちにいつおかしな変化が起きるかを知るには、時間がかかるものだ。
④ 笑いの変化によって、時間が何であるかを私たちは知る。
⑤ 人を笑わせるアイデアは時間をかけて変化する。

問9．次の英文を本文中に挿入する場合、直前に来る語として正しいものはどれですか。①〜⑤の中から最も適切なものを一つ選び、その番号をマークしなさい。　解答番号は　39　です。

挿入する英文　→　We think we are better than they are.

① laughter　　② embarrassed　③ laugh　　④ know　　⑤ funny

問10．下線部④と同じ働きの that を含む英文はどれですか。①〜⑤の中から、最も適切なものを一つ選び、その番号をマークしなさい。　　　　　　解答番号は　40　です。

① I think that I can do something for others.
② This movie is more interesting than that one.
③ This is the best movie that makes people happy.
④ Only he can eat that much.
⑤ My opinion is that he really doesn't understand you.

問11．本文の表題としてふさわしいものはどれですか。①〜⑤の中から、最も適切なものを一つ選び、その番号をマークしなさい。　　　　　　解答番号は　41　です。

① How often do people laugh?
② What is funny?
③ When do people laugh?
④ What is laughter?
⑤ Why doesn't everyone laugh at the same joke?

問12．本文の内容に合っているものはどれですか。①〜⑤の中から、最も適切なものを一つ選び、その番号をマークしなさい。　　　　　　解答番号は　42　です。

① We laugh because our parents teach us.
② People like it when others pretend to laugh.
③ Something we know very well is funny.
④ Different things make different people laugh.
⑤ Young children don't laugh to protect themselves.

4 下図のように $y = px^2$（pは正の定数）のグラフ上に2点A，Bがある。点Aの x 座標を a，点Bの x 座標を8とし，直線 $y = \dfrac{1}{2}x + 32p$ が2点A，Bを通るとき，

$p = \dfrac{\boxed{ア}}{\boxed{イ}}$ であり，$a = \boxed{ウ}\boxed{エ}$ である。

また，放物線上に点Oと異なる点Qを直線ABの下側にとる。△OABの面積と △QABの面積が同じになるとき，点Qの座標は（ $\boxed{オ}$ ， $\boxed{カ}$ ）である。

また，点Aを通り，△OABの面積を2等分する直線の方程式は

$y = \dfrac{\boxed{キ}}{\boxed{ク}}x + \boxed{ケ}$ である。

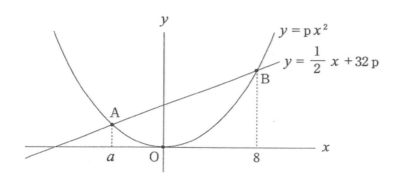

5 下図のようにＡＢ＝12m，ＢＣ＝24mの長方形ＡＢＣＤがある。Ｘは頂点Ａを出発し，長方形の周上を毎秒１ｍの速さで左回りに進む。また，Ｙは頂点ＢをＸと同時に出発し，長方形の周上を毎秒３ｍの速さで左回りに進む。このとき，以下の問いに答えなさい。

(1) ５秒後のＸの位置をＰ，Ｙの位置をＱとするとき，

$\triangle$ＰＱＤの面積は $\dfrac{\boxed{ア}\ \boxed{イ}\ \boxed{ウ}}{\boxed{エ}}$ m² である。

(2) x 秒後のＸの位置をＰ，Ｙの位置をＱとするとき，$\triangle$ＰＱＤの面積が120m² となるのは $x = \boxed{オ}$ のときである。ただし，$0 < x < 8$ とする。

(3) ＹはＸに追いつくまで進み，その後停止する。Ｙが停止するのは出発してから $\boxed{カ}\ \boxed{キ}$ 秒後である。

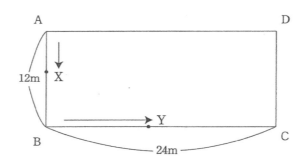

―――――――――――――――――　注　　　意　――――――――――――――――

1、この試験は全問マークシート方式です。次の説明文を読み、まちがいのないように記入してください。

① 解答シートにマークをするには、ＨＢまたはＢの黒鉛筆を使用してください。

② 開始の指示で、まず左端上の氏名欄に漢字で名前を書き、フリガナをカタカナでつけてください。

③ 次に、受験番号を記入し、その下の欄に、右の例にならって正確にマークしてください。

④ 問題は**1**ページから**4**ページまであります。

⑤ 問題は　**1**　から　**5**　まであります。
　解答箇所をまちがえないように、例にならって正確にマークしてください。

⑥ **数学解答上の注意**

　数学については、問題文中の $\boxed{ア}$、$\boxed{イ}$ などの $\boxed{}$ には、特に指示のない限り、数値または符号（−）が入ります。これらを次の方法で解答記入欄にマークしてください。

　(1) ア・イ・ウ………の一つ一つは、それぞれ0から9までの数字、または−のいずれか一つに対応します。それらをア・イ・ウ…で示された解答欄にマークします。

　(例) $\boxed{ア}$ $\boxed{イ}$ に「−4」と答えたいとき

　(2) 分数形で解答が求められているときは、既約分数で答えてください。符号は分子につけ、分母につけてはいけません。

　(例) $\dfrac{\boxed{ウ}\ \boxed{エ}}{\boxed{オ}}$ に「$-\dfrac{8}{5}$」と答えたいとき

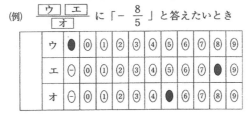

例

氏名欄の記入例

フリガナ	メイジョウ　タロウ
氏　名	名城　太郎

受験番号の記入例
「10310」
の場合⇒

受験番号				
1	0	3	1	0

マーク記入の例⇒

良い例	●
悪い例	○
	⊙
	◍

⑦ 訂正するときは、プラスチック製消しゴムでていねいに消し、消しくずをシート上に残さないでください。

⑧ 所定の記入欄以外には、何も記入しないでください。

⑨ 解答シートを、よごしたり折りまげたりしないでください。
　（もし、解答シートがよごれていたり、折り目があったりしたときは、試験の監督者に申し出てください。）

2、問題の内容についての質問には応じられません。
　（印刷の文字が不鮮明なときは、静かに手をあげ、試験の監督者に聞いてください。）

3、答案を書き終わった人は、解答シートを裏返しにして置いてください。

4、終了の指示で、書くことをやめ、解答シートと問題用紙を別々にして机の上に置いてください。

（問題用紙は持ち帰ってください。）

1　次の各問に答えなさい。

(1)　次の計算をしなさい。

$$-\left(\frac{1}{2}\right)^3 \div \left\{-\frac{7}{3} + \frac{4}{3} \times \left(\frac{11}{12} - \frac{2}{3}\right)\right\}^2 \times (-4)^2 - \frac{1}{3} = \frac{\boxed{ア}\boxed{イ}}{\boxed{ウ}}$$

(2)　次の式を簡単にしなさい。

$$(1-\sqrt{3})^2 + \sqrt{3^2} \div \frac{\sqrt{12}}{4} + (-\sqrt{3})^3 + \sqrt{27} = \boxed{エ}$$

(3)　実数 x , y が連立方程式 $\begin{cases} x + y = 2\sqrt{6} \\ x - y = 2\sqrt{2} \end{cases}$ を満たすとき，

$x^2 - xy - y^2$ の値は $\boxed{オ}\boxed{カ} + \boxed{キ}\sqrt{\boxed{ク}}$ である。

(4)　10%の食塩水と5%の食塩水を混ぜ合わせて，6%の食塩水50gを作った。
このとき，5%の食塩水は $\boxed{ケ}\boxed{コ}$ gである。

(5)　連続した4つの正の整数 a , b , c , d がある。ただし，$a < b < c < d$ とする。
等式 $cd = ab + 398$ を満たすとき，$a+b+c+d$ の値は $\boxed{サ}\boxed{シ}\boxed{ス}$ である。

(6) A君が家から学校へ向かって出発する。毎時 8 km の速さで進むと登校時間の 20分後に学校に到着する。また，毎時15kmの速さで進むと登校時間の15分前 に到着する。毎時10kmで進んだとき，登校時間の8時30分にちょうど到着する には，A君は家を ｜セ｜ 時 ｜ソ｜｜タ｜ 分に出発しなければならない。

(7) 大小 2 個のさいころを同時に投げたとき，出た目の数の和が 2 次方程式 $x^2 - 18x + 77 = 0$ の解になる確率は $\dfrac{\boxed{チ}}{\boxed{ツ}}$ である。

(8) 合同な 2 つの円O，O′が互いに円の中心を通って，下の図のように交わっている とき，$\angle x + \angle y = \boxed{テ}\boxed{ト}\boxed{ナ}$ ° である。

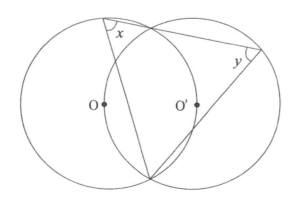

2　B君は父，母，兄，姉の 5 人家族である。家族全員で乗用車を使って旅行することにした。乗用車は前 2 名，後ろ 3 名の定員 5 名乗りである。ただし，運転できる人は父，母，兄の 3 人とする。このとき，家族 5 人の乗用車の座り方は ［ア］［イ］ 通りである。また，姉の隣に母が座るとき，家族 5 人の乗用車の座り方は ［ウ］［エ］ 通りである。

3　下の図のように，一辺が 7 cm の正方形ＡＢＣＤがある。辺ＡＤ上に線分ＡＥの長さが 2 cm となるように点Ｅをとる。また，辺ＢＣの延長線上にＥＧ＝ＢＧとなるように点Ｇをとる。このとき，線分ＢＧの長さは $\dfrac{［ア］［イ］}{［ウ］}$ cm である。また，線分ＥＧと辺ＣＤの交点をＦとするとき，線分ＤＦの長さは $\dfrac{［エ］［オ］}{［カ］}$ cm である。

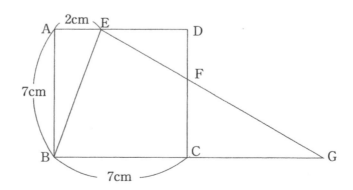

平成24年度　　　名城大学附属高等学校入学試験

第4時限問題　　英語　　（40分）

――――――――――――――――――― 注　　　意 ―――――――――――――――――――

1、この試験は全問マークシート方式です。次の説明文を読み、まちがいのないように記入してください。

① 解答シートにマークをするには、ＨＢまたはＢの黒鉛筆を使用してください。

② 開始の指示で、まず左端上の氏名欄に漢字で名前を書き、フリガナをカタカナでつけてください。

③ 受験番号を記入し、その下の欄に、右の例にならって正確にマークしてください。

④ 問題は 1 ページから 13 ページまであります。

⑤ 問題は 1 から 8 まであり、解答番号は 1 から 42 まであります。解答箇所をまちがえないように、例にならって正確にマークしてください。

⑥ 訂正するときは、プラスチック製消しゴムでていねいに消し、消しくずをシート上に残さないでください。

⑦ 所定の記入欄以外には、何も記入しないでください。

⑧ 解答シートを、よごしたり折りまげたりしないでください。
　（もし、解答シートがよごれていたり、折り目があったりしたときは、試験の監督者に申し出てください。）

2、問題の内容についての質問には応じられません。
　（印刷の文字が不鮮明なときは、静かに手をあげ、試験の監督者に聞いてください。）

3、答案を書き終わった人は、解答シートを裏返しにして置いてください。

4、終了の指示で、書くことをやめ、解答シートと問題用紙を別々にして机の上に置いてください。
　　　　　　　　　　（問題用紙は持ち帰ってください。）

例

氏名欄の記入例

フリガナ	メイジョウ　タロウ
氏　名	名　城　　太　郎

受験番号の記入例
「10310」
の場合⇒

受験番号				
1	0	3	1	0
●	⓪	⓪	●	●
●	①	①	●	①
②	②	②	②	②
③	③	●	③	③
④	④	④	④	④
⑤	⑤	⑤	⑤	⑤
⑥	⑥	⑥	⑥	⑥
⑦	⑦	⑦	⑦	⑦
⑧	⑧	⑧	⑧	⑧
⑨	⑨	⑨	⑨	⑨

マーク記入の例⇒

良い例	●
悪い例	∅
	⊙
	◖

1 次の各語と下線部の発音が同じものはどれですか。①〜⑤の中から、最も適切なもの
　をそれぞれ一つずつ選び、その番号をマークしなさい。

問1．kn<u>ow</u>　　　　　　　　　　　　　解答番号は　1　です。

①　<u>o</u>nly　　　　②　cr<u>ow</u>ded　　　③　c<u>ou</u>ntry　　　④　d<u>ow</u>n　　　⑤　en<u>ough</u>

問2．visit<u>ed</u>　　　　　　　　　　　　解答番号は　2　です。

①　look<u>ed</u>　　②　wash<u>ed</u>　　③　call<u>ed</u>　　④　need<u>ed</u>　　⑤　show<u>ed</u>

2 次の各語と最も強いアクセントの位置が同じものはどれですか。①〜⑤の中から、
　最も適切なものをそれぞれ一つずつ選び、その番号をマークしなさい。

問1．char-ac-ter　　　　　　　　　　　解答番号は　3　です。

①　vol-un-teer　②　sud-den-ly　　③　Sep-tem-ber　④　ap-point-ment　⑤　in-tro-duce

問2．to-geth-er　　　　　　　　　　　解答番号は　4　です。

①　re-al-ly　　②　cam-er-a　　③　res-tau-rant　④　re-mem-ber　⑤　dif-fer-ent

3 次の上下の文がほぼ同じ意味になるように、（　　　）に入る語（句）はどれですか。
　①〜⑤の中から、最も適切なものをそれぞれ一つずつ選び、その番号をマークしなさい。

問1．The right side of my house is a flower shop and the left side is a restaurant.

　　≒ My house is (　　　) a flower shop and a restaurant.
　①　between　　②　among　　③　through　　④　across　　⑤　outside

　解答番号は　5　です。

問2．I came to Japan ten years ago.　I still live here.

　　≒ I (　　　) in Japan for ten years.
　①　live　　②　lived　　③　have lived　　④　am living　　⑤　was lived

　解答番号は　6　です。

問3．There was a church over there, but doesn't stand now.

　　≒ There (　　　) be a church over there.
　①　used to　　②　should　　③　has to　　④　must not　　⑤　don't have to

　解答番号は　7　です。

4 次の各英文について、日本語の意味に合うように(　　　)内の語(句)を並べかえた場合、(　　　)内だけで指定された順番になるものの組み合わせとして正しいものはどれですか。①～⑤の中から、最も適切なものをそれぞれ一つずつ選び、その番号をマークしなさい。ただし、(　　　)内には不要な語(句)が一つあります。また、文頭になるものも小文字で示してあります。

　　（例）私は、アメリカ合衆国で一冊の本を買いました。
　　　　I (in / on / the United States / a book / bought).【2番目と4番目】
　　　→ I (bought a book in the United States).　《 不要な語（句）→ on 》

　　〔答〕2番目：a book　/　4番目：the United States

問1．私はこの本はあの本よりもおもしろいと思います。
　　　I think（one / than / this book / interesting / most / that / more / is）.【3番目と5番目】
　　　解答番号は　8　です。

　　①　3番目：is　　　/　5番目：interesting　②　3番目：interesting　/　5番目：than
　　③　3番目：more　　/　5番目：than　　　④　3番目：more　　　　/　5番目：that
　　⑤　3番目：most　　/　5番目：than

問2．私たちは公園が必要なので、私はその計画には反対です。
　　　（ because / against / we / I / of / plan / am / need / the ）a park.【3番目と5番目】
　　　解答番号は　9　です。

　　①　3番目：the　　　/　5番目：against　②　3番目：of　　　　/　5番目：plan
　　③　3番目：against　/　5番目：we　　　④　3番目：of　　　　/　5番目：because
　　⑤　3番目：against　/　5番目：plan

問3．その俳優は彼の誕生パーティーにどれだけの人が来たのか知らない。
　　　The actor (doesn't / came / to / how / know / many / people / did) his birthday party.
　　　【3番目と5番目】
　　　解答番号は　10　です。

　　①　3番目：came　　/　5番目：many　　②　3番目：how　　　/　5番目：people
　　③　3番目：know　　/　5番目：people　④　3番目：came　　　/　5番目：did
　　⑤　3番目：how　　　/　5番目：came

問４．この旅の目的は広島の歴史を学ぶことでした。

The purpose（to / was / this trip / about / learn / of / in）Hiroshima's history.
【２番目と４番目】

解答番号は　11　です。

① ２番目：this trip　/　４番目：in　　　② ２番目：to　　　　　/　４番目：about
③ ２番目：this trip　/　４番目：to　　　④ ２番目：learn　　　/　４番目：was
⑤ ２番目：this trip　/　４番目：learn

問５．これはおよそ６０年前にとられた写真です。

This is（about / taken / a picture / which / sixty / ago / years）.【２番目と４番目】

解答番号は　12　です。

① ２番目：a picture　/　４番目：about　　② ２番目：a picture　/　４番目：sixty
③ ２番目：taken　　　/　４番目：sixty　　④ ２番目：which　　　/　４番目：sixty
⑤ ２番目：about　　　/　４番目：years

5　次の会話の あ ～ う のそれぞれの空所にあてはまる英文はどれですか。①～⑤
の中から、最も適切なものをそれぞれ一つずつ選び、その番号をマークしなさい。

問1　A ：　Have you ever been to Kyoto?
　　　B ：　No, I haven't.　Have you?
　　　A ：　Yes, I went there last year.
　　　B ：　 あ
　　　A ：　I had a great time, but I was only there for three days.

　　 あ の解答番号は 13 です。

① How did you like it?
② How long have you been here?
③ What did you like?
④ When did you come back?
⑤ How many times did you go there?

問2　A ：　Could you tell me where the airport is?
　　　B ：　It's on the other side of town.
　　　A ：　 い
　　　B ：　You can take a bus or a taxi.

　　 い の解答番号は 14 です。

① How can I get there?
② Where is the station?
③ Which bus should I take?
④ Which way should I go?
⑤ What is it like?

問3　A ： Hello?
　　　B ： Hello.　This is Mike.　May I speak to Judy?
　　　A ： I'm sorry, she's out.　Do you want her to call you back?
　　　B ： ｜　う　｜
　　　A ： Sure.
　　　B ： Could you tell her to come to Naomi's at two?
　　　A ： OK.　Naomi's at two.

　｜　う　｜の解答番号は｜　15　｜です。

① Yes, I'll tell you something important.
② No, but can I leave a message?
③ No, I'll call back later.
④ No, but may I have seconds?
⑤ Yes, I'll say that again.

6　次の英文の あ ～ け のそれぞれの空所にあてはまる英文はどれですか。
①～⑨の中から、最も適切なものをそれぞれ一つずつ選び、その番号をマークしなさい。
ただし、同じ番号を2度用いることはできません。

1　E-mail is popular now, but it's a new kind of communication.

あ

い

う

We call this "*indirect communication."

2　Many people use cell phones and the Internet to send e-mail now.

え

お

か

I think that "indirect communication" has made the world smaller.

3　"Indirect communication" is useful, but there are problems, too.

き

く

け

So we cannot know who wrote those words or why they were written.　These are becoming big problems.

*indirect : 間接的な

＊英文の 1 ～ 3 の数字は、段落の始まりを示しています。

－ 6 －

| あ | の解答番号は | 16 | です。
| い | の解答番号は | 17 | です。
| う | の解答番号は | 18 | です。
| え | の解答番号は | 19 | です。
| お | の解答番号は | 20 | です。
| か | の解答番号は | 21 | です。
| き | の解答番号は | 22 | です。
| く | の解答番号は | 23 | です。
| け | の解答番号は | 24 | です。

① This is called "*face-to-face communication."
② E-mail is useful because it is easy and fast.
③ There are also people who use the Internet in bad ways.
④ When we talk with our families at home and friends at school, we see their faces and hear their voices.
⑤ We can also communicate with people living in foreign countries by e-mail.
⑥ For example, some students don't have time to study or talk with their families, because they use their cell phones too much.
⑦ But when we use e-mails on our cell phones or the Internet, we don't see people's faces or hear their voices.
⑧ They write bad things, but they don't write their names.
⑨ We can send e-mails to people when we aren't with them, and to people that we have never met before.

---

*face-to-face : 対面式の

記入方法

1. 記入は、必ずHBの黒鉛筆で、◯の中を正確に、ぬりつぶしてください。
2. 訂正は、プラスチック製消しゴムできれいに消してください。
3. 受験番号は、数字を記入してから間違いのないようにマークしてください。
4. 解答用紙を、折り曲げたり、汚したりしないでください。

良い例	●
悪い例	⊘ ⊙ ◗

解 答 記 入 欄
◯ ① ② ③ ④ ⑤ ⑥ ⑦ ⑧ ⑨
◯ ① ② ③ ④ ⑤ ⑥ ⑦ ⑧ ⑨
◯ ① ② ③ ④ ⑤ ⑥ ⑦ ⑧ ⑨
◯ ① ② ③ ④ ⑤ ⑥ ⑦ ⑧ ⑨
◯ ① ② ③ ④ ⑤ ⑥ ⑦ ⑧ ⑨

解 答 記 入 欄
◯ ① ② ③ ④ ⑤ ⑥ ⑦ ⑧ ⑨
◯ ① ② ③ ④ ⑤ ⑥ ⑦ ⑧ ⑨
◯ ① ② ③ ④ ⑤ ⑥ ⑦ ⑧ ⑨
◯ ① ② ③ ④ ⑤ ⑥ ⑦ ⑧ ⑨

解 答 記 入 欄
◯ ① ② ③ ④ ⑤ ⑥ ⑦ ⑧ ⑨
◯ ① ② ③ ④ ⑤ ⑥ ⑦ ⑧ ⑨
◯ ① ② ③ ④ ⑤ ⑥ ⑦ ⑧ ⑨
◯ ① ② ③ ④ ⑤ ⑥ ⑦ ⑧ ⑨
◯ ① ② ③ ④ ⑤ ⑥ ⑦ ⑧ ⑨
◯ ① ② ③ ④ ⑤ ⑥ ⑦ ⑧ ⑨

4		解 答 記 入 欄
	ア	⊖ ⓪ ① ② ③ ④ ⑤ ⑥ ⑦ ⑧ ⑨
	イ	⊖ ⓪ ① ② ③ ④ ⑤ ⑥ ⑦ ⑧ ⑨
	ウ	⊖ ⓪ ① ② ③ ④ ⑤ ⑥ ⑦ ⑧ ⑨
	エ	⊖ ⓪ ① ② ③ ④ ⑤ ⑥ ⑦ ⑧ ⑨
	オ	⊖ ⓪ ① ② ③ ④ ⑤ ⑥ ⑦ ⑧ ⑨
	カ	⊖ ⓪ ① ② ③ ④ ⑤ ⑥ ⑦ ⑧ ⑨

5		解 答 記 入 欄
	ア	⊖ ⓪ ① ② ③ ④ ⑤ ⑥ ⑦ ⑧ ⑨
	イ	⊖ ⓪ ① ② ③ ④ ⑤ ⑥ ⑦ ⑧ ⑨
	ウ	⊖ ⓪ ① ② ③ ④ ⑤ ⑥ ⑦ ⑧ ⑨
	エ	⊖ ⓪ ① ② ③ ④ ⑤ ⑥ ⑦ ⑧ ⑨
	オ	⊖ ⓪ ① ② ③ ④ ⑤ ⑥ ⑦ ⑧ ⑨
	カ	⊖ ⓪ ① ② ③ ④ ⑤ ⑥ ⑦ ⑧ ⑨
	キ	⊖ ⓪ ① ② ③ ④ ⑤ ⑥ ⑦ ⑧ ⑨
	ク	⊖ ⓪ ① ② ③ ④ ⑤ ⑥ ⑦ ⑧ ⑨
	ケ	⊖ ⓪ ① ② ③ ④ ⑤ ⑥ ⑦ ⑧ ⑨

名城大学附属高等学校

解 答 記 入 欄
② ③ ④ ⑤ ⑥ ⑦ ⑧ ⑨
② ③ ④ ⑤ ⑥ ⑦ ⑧ ⑨
② ③ ④ ⑤ ⑥ ⑦ ⑧ ⑨
② ③ ④ ⑤ ⑥ ⑦ ⑧ ⑨
② ③ ④ ⑤ ⑥ ⑦ ⑧ ⑨
② ③ ④ ⑤ ⑥ ⑦ ⑧ ⑨
② ③ ④ ⑤ ⑥ ⑦ ⑧ ⑨
② ③ ④ ⑤ ⑥ ⑦ ⑧ ⑨
② ③ ④ ⑤ ⑥ ⑦ ⑧ ⑨

解 答 記 入 欄
② ③ ④ ⑤
② ③ ④ ⑤
② ③ ④ ⑤
② ③ ④ ⑤
② ③ ④ ⑤

8		解 答 記 入 欄
問1	30	① ② ③ ④ ⑤
問2	31	① ② ③ ④ ⑤
問3	32	① ② ③ ④ ⑤
問4	33	① ② ③ ④ ⑤
問5	34	① ② ③ ④ ⑤
問6	35	① ② ③ ④ ⑤
問7	36	① ② ③ ④ ⑤
問8	37	① ② ③ ④ ⑤
問9	38	① ② ③ ④ ⑤
問10	39	① ② ③ ④ ⑤
問11	40	① ② ③ ④ ⑤
問12	41	① ② ③ ④ ⑤ ⑥ ⑦ ⑧ ⑨
	42	① ② ③ ④ ⑤ ⑥ ⑦ ⑧ ⑨

名城大学附属高等学校

平成24年度 　英　語　解　答　用　紙

受験番号

⓪	⓪	⓪	⓪
①	①	①	①
②	②	②	②
③	③	③	③
④	④	④	④
⑤	⑤	⑤	⑤
⑥	⑥	⑥	⑥
⑦	⑦	⑦	⑦
⑧	⑧	⑧	⑧
⑨	⑨	⑨	⑨

フリガナ

氏　名

※100点満点
（配点非公表

1		解　答　記　入　欄
問1	1	① ② ③ ④ ⑤
問2	2	① ② ③ ④ ⑤

2		解　答　記　入　欄
問1	3	① ② ③ ④ ⑤
問2	4	① ② ③ ④ ⑤

3		解　答　記　入　欄
問1	5	① ② ③ ④ ⑤
問2	6	① ② ③ ④ ⑤
問3	7	① ② ③ ④ ⑤

4		解　答　記　入　欄
問1	8	① ② ③ ④ ⑤
問2	9	① ② ③ ④ ⑤
問3	10	① ② ③ ④ ⑤
問4	11	① ② ③ ④ ⑤
問5	12	① ② ③ ④ ⑤

5		解　答　記　入　欄
問1	13	① ② ③ ④ ⑤
問2	14	① ② ③ ④ ⑤
問3	15	① ② ③ ④ ⑤

6	
あ	
い	
う	
え	
お	
か	
き	
く	
け	

7	
問1	
問2	
問3	
問4	
問5	

平成24年度　　数　学　解　答　用　紙

受験番号

⓪	⓪	⓪	⓪
①	①	①	①
②	②	②	②
③	③	③	③
	④	④	④
	⑤	⑤	⑤
	⑥	⑥	⑥
	⑦	⑦	⑦
	⑧	⑧	⑧
	⑨	⑨	⑨

フリガナ

氏　名

※100点満
（配点非公表

1　　解 答 記 入 欄

(1)	ア	⊖ ⓪ ① ② ③ ④ ⑤ ⑥ ⑦ ⑧ ⑨
	イ	⊖ ⓪ ① ② ③ ④ ⑤ ⑥ ⑦ ⑧ ⑨
	ウ	⊖ ⓪ ① ② ③ ④ ⑤ ⑥ ⑦ ⑧ ⑨
(2)	エ	⊖ ⓪ ① ② ③ ④ ⑤ ⑥ ⑦ ⑧ ⑨
(3)	オ	⊖ ⓪ ① ② ③ ④ ⑤ ⑥ ⑦ ⑧ ⑨
	カ	⊖ ⓪ ① ② ③ ④ ⑤ ⑥ ⑦ ⑧ ⑨
	キ	⊖ ⓪ ① ② ③ ④ ⑤ ⑥ ⑦ ⑧ ⑨
	ク	⊖ ⓪ ① ② ③ ④ ⑤ ⑥ ⑦ ⑧ ⑨
(4)	ケ	⊖ ⓪ ① ② ③ ④ ⑤ ⑥ ⑦ ⑧ ⑨
	コ	⊖ ⓪ ① ② ③ ④ ⑤ ⑥ ⑦ ⑧ ⑨
(5)	サ	⊖ ⓪ ① ② ③ ④ ⑤ ⑥ ⑦ ⑧ ⑨
	シ	⊖ ⓪ ① ② ③ ④ ⑤ ⑥ ⑦ ⑧ ⑨
	ス	⊖ ⓪ ① ② ③ ④ ⑤ ⑥ ⑦ ⑧ ⑨
(6)	セ	⊖ ⓪ ① ② ③ ④ ⑤ ⑥ ⑦ ⑧ ⑨
	ソ	⊖ ⓪ ① ② ③ ④ ⑤ ⑥ ⑦ ⑧ ⑨
	タ	⊖ ⓪ ① ② ③ ④ ⑤ ⑥ ⑦ ⑧ ⑨

1

(7)

(8)

2

3

7　次の英文について、あとの問いに答えなさい。

Kids F.A.C.E.

Kids F.A.C.E. is the name of a *special club.　It is a club for children who are interested in the *environment, and it has over 300,000 members in countries all over the world.　The club is special because it was started by a nine-year-old girl in *Nashville, *Tennessee.　Kids F.A.C.E. means Kids For A Clean Environment.

Melissa Poe started the club in 1989.　She watched *a TV show about pollution and *was worried about the problems she saw.　She decided to write a letter to the *President of the United States.　She asked him to do something about pollution.　But she thought writing a letter was not enough, so she started a club.　She asked six friends at her school to join in, and they called it Kids F.A.C.E..　At first, Melissa and her friends were the only members.　The seven of them started doing little things to help the environment.　They *picked up *trash, planted trees, and started *recycling.

The club soon became popular, and children from other cities wrote to Melissa and asked her how to join.　She told them to start *branches in their own cities.　Now there are *more than 2,000 branches in 23 countries, and the club does many special *projects.　In 1997, the members decided to plant one *million trees.　The last tree was planted in November 2000, and many important people came to watch.

The story of Kids F.A.C.E. shows that everyone can do something to make the world a better place.

（平成16年度　第1回　英検3級　1次試験より）

---

*special：特別の　*environment：環境　*Nashville：ナッシュビル（町の名前）
*Tennessee：テネシー州　*a TV show：テレビ番組
*was worried about ～：～について心配していた　*President：大統領
*picked up ～：～を拾った　*trash：ごみ　*recycling：リサイクル　*branches：支部
*more than ～：～以上　*projects：企画　*million：100万

問1．次の質問に対する答えとして正しいものはどれですか。①～⑤の中から、最も適切な
　　ものを一つ選び、その番号をマークしなさい。解答番号は　25　です。

Who started Kids F.A.C.E.?

① A TV star in the United States.
② A nine-year-old girl.
③ The President of the United States.
④ Six teachers at a school.
⑤ Six students at a school.

問２．次の質問に対する答えとして正しいものはどれですか。①～⑤の中から、最も適切な
ものを一つ選び、その番号をマークしなさい。解答番号は 26 です。

How many members did the club have at first?

① 6.
② 7.
③ 9.
④ 23.
⑤ 2,000.

問３．次の質問に対する答えとして正しいものはどれですか。①～⑤の中から最も適切なも
のを一つ選び、その番号をマークしなさい。解答番号は 27 です。

What did Melissa Poe tell children from other cities to do?

① To start branches of Kids F.A.C.E..
② To ask their parents for help.
③ To write to the President.
④ To join the club when they were older.
⑤ To plant one million trees.

問４．次の質問に対する答えとして正しいものはどれですか。①～⑤の中から最も適切なも
のを一つ選び、その番号をマークしなさい。解答番号は 28 です。

What happened in November 2000?

① A new club for children was started.
② Melissa built a new school in Tennessee.
③ Many important people joined Kids F.A.C.E..
④ Many clubs started planting trees.
⑤ Kids F.A.C.E. finished planting one million trees.

問５．本文の内容に合っているものはどれですか。①～⑤の中から、最も適切なものを一つ選
び、その番号をマークしなさい。解答番号は 29 です。

① When Melissa Poe watched a TV show, she was not worried about pollution.
② Melissa Poe didn't write a letter to the President of the United States.
③ Melissa Poe asked some teachers to join Kids F.A.C.E..
④ Melissa and her friends picked up trash, planted trees, and started recycling.
⑤ The President of the United States wrote back to Melissa Poe.

8 次の英文について、あとの問いに答えなさい。

Gestures are a useful *means of communication. *For instance, a visitor may ask you (A) English how to get to the nearest post office. If you cannot answer (A) English, you can point in the right *direction (B) your finger. *In this way, gestures can be a *helpful international language.

But you must remember that gestures sometimes mean different things to different people. (1), *misunderstandings may *occur.

In Japan, sometimes people *wave their hand in front of their (2). I have a little story about this gesture.

When I first came to Japan from Canada, my Japanese was not so good. One day, I had a very *sore throat, so I went to a *local drugstore (3) to buy some medicine. I looked around for medicine in the drugstore, but of course, I couldn't read anything. An old man came out of the back, so I *was relieved. I tried to explain to him that my throat really (4) and *even *touched it. I said, "Do you have any medicine for a sore throat?" He waved his hand in front of his (2). It (5) me so angry! *Finally I walked out of the store. I said to myself, "(6)? *Couldn't he see that I was sick?" I went home *angrily and drank tea (B) *honey.

Later I learned that the *shop owner *probably meant "I don't understand." *However, in Canada and the USA this kind of *hand-waving is a very *rude and sometimes (7) gesture. It means "Go away!" or "I don't want to talk to you."

*Certain gestures have different *meanings in different (8). For example, (9) *nodding their head up and down, you probably believe it means "Yes." *Imagine that suddenly you are in *Bulgaria. Can you *guess what this gesture means there? It usually means "No." How *confusing!

Before we go to another country, (10) it is important for us to try to learn its spoken and *unspoken language.

(ZOSHINDO : New Stream English Course I より)

---

*means：手段　*for instance：例えば　*direction：方向　*in this way：このように
*helpful：役に立つ　*misunderstandings：誤解　*occur：起こる　*wave：振る
*sore throat：のどの痛み　*local drugstore：地元の薬局
*was relived：安心した　*even：〜でさえ　*touched：触った　*finally：結局
*couldn't 〜?：〜できなかったのだろうか　*angrily：腹を立てて　*honey：はちみつ
*shop owner：店主　*probably：おそらく　*however：しかしながら
*hand-waving：手を振ること　*rude：失礼な　*certain：ある
*meanings：意味　*nodding：nod（うなずく）の現在分詞形
*imagine that：〜ということを想像する　*Bulgaria：ブルガリア　*guess：推測する
*confusing：まぎらわしい　*unspoken：口にはだされない

問1．（ A ）・（ B ）に入る語の組み合わせとして正しいものはどれですか。①～⑤の中から、最も適切なものを一つ選び、その番号をマークしなさい。解答番号は　30　です。

① （ A ）→ in　　（ B ）→ in　　② （ A ）→ with　　（ B ）→ in
③ （ A ）→ in　　（ B ）→ with　④ （ A ）→ with　　（ B ）→ on
⑤ （ A ）→ in　　（ B ）→ on

問2．（ 1 ）に入る表現として正しいものはどれですか。①～⑤の中から、最も適切なものを一つ選び、その番号をマークしなさい。解答番号は　31　です。

① If they will use them carefully
② If they are used them carefully
③ If it is using them carefully
④ If they are not used carefully
⑤ If they don't use it carefully

問3．2か所ある（ 2 ）に共通して入る語はどれですか。①～⑤の中から、最も適切なものを一つ選び、その番号をマークしなさい。解答番号は　32　です。

① face　　　　② house　　　　③ door　　　　④ store　　　　⑤ gate

問4．下線部(3)と同じ働きの「to＋動詞の原形」を含む英文はどれですか。①～⑤の中から、最も適切なものを一つ選び、その番号をマークしなさい。解答番号は　33　です。

① Would you like to come with me?
② I want to find some e-pals.
③ I have a lot of work to do.
④ We are glad to have a chance.
⑤ I got up early to run in the park.

問5．（ 4 ）に入る語はどれですか。①～⑤の中から、最も適切なものを一つ選び、その番号をマークしなさい。解答番号は　34　です。

① hurt　　　② hurts　　　③ hurted　　　④ is hurted　　　⑤ hurting

問6．（ 5 ）に入る語はどれですか。①～⑤の中から、最も適切なものを一つ選び、その番号をマークしなさい。解答番号は　35　です。

① came　　　② became　　　③ called　　　④ looked　　　⑤ made

問7. (6)に入る表現として正しいものはどれですか。①～⑤の中から、最も適切なもの
一つ選び、その番号をマークしなさい。解答番号は 36 です。

① Why did he say me to go away
② Why did he tell me to go away
③ Why did he tell to me go away
④ What did he tell me to go away
⑤ What did he speak to me go away

問8. (7)に入る語はどれですか。①～⑤の中から、最も適切なものを一つ選び、その番
号をマークしなさい。解答番号は 37 です。

① fair   ② clear   ③ traditional   ④ dangerous   ⑤ quiet

問9. (8)に入る語はどれですか。①～⑤の中から、最も適切なものを一つ選び、その番
号をマークしなさい。解答番号は 38 です。

① cultures   ② dates   ③ stories   ④ signs   ⑤ messages

問10. (9)に入る表現として正しいものはどれですか。①～⑤の中から、最も適切なも
のを一つ選び、その番号をマークしなさい。解答番号は 39 です。

① when do you see people are who
② who do you see people when is
③ where people see you who are
④ where do you see people who is
⑤ when you see people who are

問11. 下線部(10)がさすものはどれですか。①～⑤の中から、最も適切なものを一つ選び、
その番号をマークしなさい。解答番号は 40 です。

① このジェスチャーが意味をしていることを推測すること。
② このジェスチャーが "No" を意味すること。
③ その国で話されている言葉と口には出されない言葉を学ぼうとすること。
④ ジェスチャーを理解するために他の国を訪れること。
⑤ ブルガリアにいることを想像すること。

問12. 本文の内容に合っているものはどれですか。①～⑨の中から、最も適切なものを2つ
選び、その番号をマークしなさい。ただし解答の順番は問いません。
解答番号は 41 ・ 42 です。

① When we use gestures, misunderstandings never occur.
② Before you go to another country, it is important to try to learn its gestures.
③ When the writer first came to Japan, his Japanese was very good.
④ The writer thought that the shop owner understood English.
⑤ When people nod their head up and down in Bulgaria, it usually means "Yes."
⑥ Gestures mean unspoken language that is shown by the parts of the body.
⑦ The writer thought that the shop owner was very kind.
⑧ Hand-waving is an exciting gesture in Japan.
⑨ An old man who came out of the drugstore was angry because the writer was very rude.

4　下の図において，2次関数 $y = \dfrac{1}{4}x^2$ のグラフ上に3点A(2，1)，B(−2，1)，

Cがある。直線OAと直線BCは平行である。このとき，直線BCの方程式は

$y = \dfrac{\boxed{ア}}{\boxed{イ}}x + \boxed{ウ}$ であり，点Cの座標は（$\boxed{エ}$，$\boxed{オ}$）である。

また，四角形OACBの面積は $\boxed{カ}$ である。

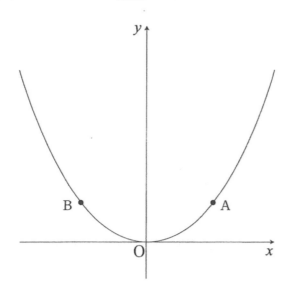

5　下の図は円すいの展開図である。この円すいの体積は $\dfrac{\boxed{ア}\,\boxed{イ}\,\boxed{ウ}\,\sqrt{\boxed{エ}}}{\boxed{オ}}\,\pi$ cm³

である。また，円Oがおうぎ形の周りを滑ることなく1周するとき，中心Oが進む

距離は $\boxed{カ}\,\boxed{キ} + \boxed{ク}\,\boxed{ケ}\,\pi$ cmである。

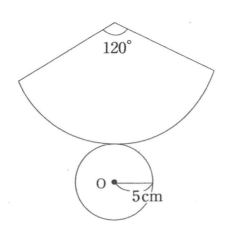

K 教英出版